家思想

演录

方尔加 ◎ 著

人民出版社

目　录

引 言

道家从何而来？笔者推论，从隐者而来。隐者是什么人？哪些人是隐者？是些拒绝屈从于当时的体制，保持自己的价值理念的人。笔者以为，先秦典籍中出现的这些人可能就是隐者，如儒家的《论语》、道家的《庄子》、法家的《韩非子》中出现的接舆、长沮、桀溺、荷蓧丈人、伯夷、叔齐、虞仲、夷逸、朱张、柳下惠、少连、伯达、伯适、仲突、仲忽、叔夜、叔夏、季随、季騧、列子、许由、肩吾、连叔、南郭子綦、颜成子游、啮缺、王倪、王骀、哀骀它、子桑户、孟子反、子琴张、意而子、日中始、天根、无名人、壶子、赤松、许由、续牙、晋伯阳、秦颠颉、卫侨如、狐不稽、重明、董不识、卞随、务光，还包括道家思想家老子、庄子本人。这些人中有的存在是信实的，有些人是典籍作者为了表达某种思想而虚构的。有的是"隐于朝"的"大隐"，有的是"隐于市"的"中隐"，有的是"隐于野"的"小隐"。在老子之前，隐者们只是留下了一些表达其思想风格的传说，还没有形成系统化的思想。从老子《道德经》形成起，隐者的思想正式问世。

道家作为一个思想派别当然是以宣讲"道"为核心，最崇尚"道"。可是，崇尚"道"的难道仅仅是道家吗？非也。儒家也崇尚"道"。子曰："朝闻道，夕死可矣！"① 子曰："士志于道，而耻恶衣恶食者，未足与议也！"② 子曰："参乎！吾道一以贯之。"③ 子曰："道不行，乘桴浮于海。"④ 法家也有讲"道"者。韩非说："道者，万物之始，是非之纪也。是以明君守始以知万物之源，治纪以知善败之端。"⑤ "道者，下周于事，因稽而命，与时生死。参名异事，通一同情。" "道无双，故曰一。是故明君贵独道之容。"⑥ "道者，万物之所然也，万理之所稽也。理者，成物之文也；道者，万物之所以成

---

① 《论语·里仁》，史仲文主编：《中华经典藏书》，北京出版社1999年版，第1094页。
② 《论语·里仁》，史仲文主编：《中华经典藏书》，北京出版社1999年版，第1094页。
③ 《论语·里仁》，史仲文主编：《中华经典藏书》，北京出版社1999年版，第1094页。
④ 《论语·公冶长》，史仲文主编：《中华经典藏书》，北京出版社1999年版，第1095页。
⑤ 《韩非子·主道》，史仲文主编：《中华经典藏书》，北京出版社1999年版，第4619页。
⑥ 《韩非子·扬榷》，史仲文主编：《中华经典藏书》，北京出版社1999年版，第4623页。

也。"①但是，道家之"道"与孔子、韩非说的"道"不同。道家之"道"是什么含义后面再具体探讨，但这里可以预先说出一个大概的差异，即孔子、韩非的"道"最终可以归结为最高的规范、法则，道家之"道"也一直被世人误认为是规范、法则，其实不是。

隐者内心怀揣着"道"，但其"道"与世间体制不合，他们又找不到能够承载其"道"的体制，故而成为隐者。当然，隐者并非都一样，不同的人对体制的态度不尽相同。有的完全排斥体制，追求纯粹的"道"，有的设法与体制交融，也有的与体制若即若离。无论他们对体制的态度如何，对"道"的坚守都是相同的，其思想都是以"道"为核心形成的，故而称之为道家。

---

① 《韩非子·解老》，史仲文主编：《中华经典藏书》，北京出版社 1999 年版，第 4648 页。

第一讲
道家的渊源

《汉书·艺文志》载："道家者流，盖出于史官，历记成败存亡祸福古今之道，然后知秉要执本，清虚以自守，卑弱以自持，此君人南面之术也。合于尧之克攘，《易》之嗛嗛，一谦而四益，此其所长也。及放者为之，则欲绝去礼学，兼弃仁义，曰独住清虚可以为治。"①道家渊源于"史官"。"史官"是什么人？关于"史"，《说文解字》载："史，记事者也，从又持中。""又"即手。"中"，江永《周礼释义举要》云："凡官府簿书谓之中。"王国维认为，"簿书犹今之案卷也"。故"掌文书者谓之史，其字从又从中。又者，右手。以

手持簿书也"。王国维还考证周人"史"也称"作册"。①

　　关于"史"的出现，唐代刘知几说："盖史之建官，其来尚矣。昔轩辕氏受命，仓颉、沮诵实居其职。至于三代，其数渐繁。"②据记载，早在夏朝，就有史官。《吕氏春秋》记载：夏桀荒淫无道，太史令终古出其图法进行劝谏，无效，即弃而奔商。③殷商时，按王国维的说法："大小官名及职事之名多由史出"，"殷人卜辞皆以'史'为'事'。是尚无'事'字。周初之器如毛公鼎、番生敦二器，卿事作事，太史作史，始别为二字"。④

　　周代及春秋时期，设有"大"、"小"、"内"、"外"、"御"五种史⑤。刘知几说，"君举必书"，有大史、小史、内史、外史、左史、右史等史官。"大史掌国之六典，小史掌邦国之志，内史掌书王命，外史掌书使乎四方，左史记言，右史记事。"⑥《礼记·玉藻》载："动则左史书之，言则

①王国维：《观堂集林》第一册《卷第六·艺林六·释史》，中华书局1959年版，第263、272页。

②刘知几：《史通·史官建置》，张振佩笺，贵州人民出版社1985年版，第393页。

③《吕氏春秋·先识篇》，管敏义：《吕氏春秋译注》卷十六，宁夏人民出版社1989年版，第403—405页。

④王国维：《观堂集林》第一册《卷第六·艺林六·释史》，中华书局1959年版，第269页。

⑤《周礼·春官》，史仲文主编：《中华经典藏书》，北京出版社1999年版，第266页。

⑥王国维：《观堂集林》第一册《卷第六·艺林六·释史》，中华书局1959年版，第394页。

右史书之。"①另外，御史，又名柱下史，其职责是掌管图书等。可见，史官的分工和职责是十分细致、明确的。

　　史官们不是简单记事，而是提炼出贯通古今成败、存亡、祸福的道理。由此能够抓住世事之要，时势之根本。史官头脑中的文明信息量大，目光比较长远，所以遇事不狂躁，冷静观察应对，故显现出清静无为。史官的社会主张着眼于根本长远，不在乎眼前的退让，所以常表现出谦卑柔顺的特征。由于史官的这一特点，所以史官对当朝统治者的弃取遂成为局势走向的风向标。《吕氏春秋》载："凡国之亡也，有道者必先去，古今一也。"面对无道之世，有道者先离弃。这里所说的"有道者"多是"史"。"夏桀迷惑，暴乱愈甚。太史令终古乃出奔如商。汤喜而告诸侯曰：'夏王无道，暴虐百姓，穷其父兄，耻其功臣，轻其贤良，弃义听谗，众庶咸怨，守法之臣，自归于商。'殷内史向挚见纣之愈乱迷惑也，於是载其图法，出亡之周。武王大说，以告诸侯曰：'商王大乱，沈于酒德，辟远箕子，爱近姑与息。妲己为政，赏罚无方，不用法式，杀三不辜，民大不服。守法之臣，出奔周国。'晋太史屠黍见晋之乱也，见晋公之骄而无德义也，以其图法归周。周威公见而问焉，曰：'天下之国孰先亡'？对曰：'晋先亡。'威公问其故，对曰：'臣比在晋也，不敢直言，示晋公以天妖，日

────────────

①《礼记·玉藻》，史仲文主编：《中华经典藏书》，北京出版社1999年版，第440页。

月星辰之行多以不当。曰：是何能为？又示以人事多不义，百姓皆郁怨。曰：是何能伤？又示以邻国不服，贤良不举。曰：是何能害？如是，是不知所以亡也。故臣曰晋先亡也。'居三年，晋果亡。威公又见屠黍而问焉，曰：'孰次之？'对曰：'中山次之。'威公问其故，对曰：'天生民而令有别，有别，人之义也，所异於禽兽麋鹿也，君臣上下之所以立也。中山之俗，以昼为夜，以夜继日，男女切倚，固无休息，康乐，歌谣好悲，其主弗知恶，此亡国之风也。臣故曰中山次之。'居二年，中山果亡。威公又见屠黍而问焉，曰：'孰次之？'屠黍不对。威公固问焉，对曰：'君次之。'威公乃惧，求国之长者，得义莳、田邑而礼之，得史驎、赵骈以为谏臣，去苛令三十九物，以告屠黍。对曰：'其尚终君之身乎！'曰：'臣闻之，国之兴也，天遗之贤人与极言之士；国之亡也，天遗之乱人与善谀之士。'威公薨，雍九月不得葬，周乃分为二。故有道者之言也，不可不重也。"[①] 这里列举了王朝末世几位史官的事迹。夏朝将亡，太史令终古离弃夏，投奔殷商；殷内史向挚见殷纣王乱政将亡，离弃殷商，投奔周；晋太史屠黍见晋幽公无德将乱，离弃晋国，投奔周室，还警告周威王要行德政。同样，道家的创始人——守藏室史老子也是看到周道衰微，没有挽回的希望，离弃周室出函谷关隐去。

[①] 管敏义：《吕氏春秋译注·先识览第四》，宁夏人民出版社 1988 年版，第403—405 页。

从对这些史官的记载来看，他们逢乱世时所表现出的相同点是逃离，和后来的儒家法家不同。儒、法两家是要积极地解决问题，即便解决不了，孔子也是"知其不可而为之"，哪怕像丧家之犬那样狼狈，哪怕被昏君杀头。这些史官则不然，他们打得过就打，打不过就跑，哪里能够实现自己的理想就去哪里，实在不行就当隐者，回避现实，或对现实生活冷嘲热讽。《汉书·艺文志》说，"道家者流，盖出于史官"，认为道家的渊源是史官，此说不谬。不过，需要进一步确切地说明，道家是渊源于史官中那些有独立的人格、独到的见解、敢于坚持原则、不放弃自己的理想的人，不包括那些混饭吃的史官。

第二讲
道家创始人——老子的思想

一　老子其人其书

　　老子究竟是谁？迄今难以深究。别说今人，就是两千多年前的大史学家司马迁都不敢得出确定结论，只好把当时有关老子的传说排列出来：一是春秋时周朝守藏室史李耳，字伯阳，谥曰聃；二是春秋时楚国民间隐者老莱子；三是战国时周朝太史儋。不过，从司马迁的排列顺序和介绍的详细程度上看，他好像比较倾向于是周朝守藏室史李耳。所以笔者也就趋从司马迁的倾向。

　　守藏室史相当于什么官？没有确定说法。有人说相当于图书馆管理员，有人说相当于国家图书馆馆长。往小了说小职员而已，往大了说相当于省部级。笔者查阅《周礼》，关乎"守藏"职责的官职很多，比如"天府"、"典瑞"、"职金"、"司弓矢"。"天府"隶属于"春官宗伯"，"天府掌祖庙之守藏，与其禁令，凡国之玉镇、大宝器藏焉。若有大祭大丧，则出而陈之。既事，藏之。凡官府乡州，及都鄙之治中，受而藏之，以诏王察群史之治。上春，衅宝镇及宝器。凡吉凶之事，祖庙之中，沃盥执烛。季冬，陈玉，以贞来岁之媺恶。若迁宝，则奉之。若祭天之司民司禄，而献民数谷数，则受而藏之。"[1]"天府"掌管祖庙中经世传守的收藏宝物，以及出入的禁令。凡是国家镇国的美玉及大传国宝器都藏在这里。如果有大祭祀、大凶丧，就拿出来陈列展示，事情完毕后，又收藏起来。凡是各级政府包括乡、州以及都鄙的文件簿册，也都收纳并贮藏起来，便于君王了解各级官吏的政务管理情况。每年初春时节，要用牲血来涂宝镇和宝器。凡有吉庆凶丧的事情，在祖庙中，天子盥洗时，天府负责执掌明烛。每年冬末，要把美玉摆出来，卜问明年运气的好坏。如果迁移宝器，天府就亲自护送。如果祭祀天上的司民星和司禄星，献上天下百姓人数和五谷收成数目时，天府就接过报告并收藏起来。

"典瑞"也隶属于"春官宗伯"。"典瑞掌玉瑞玉器之

<hr/>

[1]《周礼·春官宗伯第三》，史仲文主编：《中华经典藏书》，北京出版社1999年版，第262页。

藏，辨其名物，用事，设其服饰。"①"典瑞"主管收藏保管平常使用的玉瑞和玉器，辨别它们的名称和品质，以及它们的使用场合，并为它们置备包饰。

"职金"隶属于"秋官司寇"。"职金掌凡金、玉、锡、石、丹、青之戒令。受其入征者，辨其物之媺恶，与其数量，楬而玺之。入其金锡于为兵器之府，入其玉石丹青于守藏之府。"②"职金"掌管开矿禁令，征收矿税，分辨矿的品位高低，把开出的矿交给财货收藏部门。

"司弓矢"隶属于"夏官第四司马"，负责保管和发放弓弩之类的兵器。③

上述官员手下都有"史"，为之做文件整理工作。

关于老子的籍贯，司马迁记载："老子者，楚苦县厉乡曲仁里人也。"④楚苦县厉乡在哪儿？今日很难讲清。由于地处河南、安徽交界处，河南周口的鹿邑县在争，安徽亳州的涡阳县也在争，至今没有争出个结果。笔者不介入这个争论，但认为，就文化产生来说，把老子文化说成是河南文化比较合适。老子在河南任职，故创立思想的事业成就于河南。河南有形成

①《周礼·春官宗伯第三》，史仲文主编：《中华经典藏书》，北京出版社 1999年版，第262页。

②《周礼·秋官第五司寇》，史仲文主编：《中华经典藏书》，北京出版社 1999年版，第262页。

③《周礼·夏官第四司马》，史仲文主编：《中华经典藏书》，北京出版社 1999年版，第272页。

④《史记·老子列传》，中华书局 1959年版，第2139页。

老子思想的条件：第一，老子思想的形成需要接触大量文化典籍，特别是历史文献。这样的条件在上古时代确切地说在春秋及春秋以前，恐怕只有像河南洛阳这样的统治中心地带才能提供。即便到了战国时代，物质生活水平提高了，有文化的人多了，各地的学者仍然要到中原地区来游学，因为这一地区做学问的条件优越。商鞅、韩非是河南人，在其著作中把讲学问当作危害国家生存的虱子、蠹虫，正反映出这一带读书讲学问的人较多。读书讲学问的人较多反映出这一带可接触的书籍资料较多。第二，老子绝不是孤立存在的个人，周围一定有一批同类人。河南是上古统治中心，中心地带干"史官"的人数量较其他地方密集。再有，在统治集团更迭的过程中被甩出核心集团的不得志贵族一定不少，他们又成为隐者产生的源头。《论语》中记载的隐者接舆、长沮、桀溺、荷蓧丈人等都是孔子在陈、蔡、卫诸国（基本就在今日之河南地界）周游时碰到的。这说明河南这一带有酝酿老子这类人的文化人群。第三，河南的地位在上古时特殊，中华民族上古政治中心地带多在河南。夏朝中心在偃师一带，商朝前期不稳定，都城频繁迁徙，中后期逐渐稳定，但也迁徙了五次，地方有河南的偃师、商丘、郑州、安阳和山东的曲阜。商朝稳定之后其统治中心主要也在河南。周武王灭商后，决定迁都洛邑。但武王灭商后不久死去，周公旦为了继承武王的遗志，以洛邑居天下之中，乃营建新邑，政治中心转向河南。即便是西周原都城镐京 ——陕西长安县，距离河南洛阳才一百二十多公里，相距也不远。可见，周朝的政治中心一开始就在河南。上古的夏商周三代，河南作为天下的中心其统治所辐射的范围有多大？学界众说纷纭，难有定论。但笔者估计应该说达到了黄河和长江的中、下游区域。这样大的范围就是在今天，国土面积也不算小了。身居河南的统治者凭借什么来治理偌大的天下？有先进的交通设施吗？没有。有先进的通讯设施吗？没有。有充裕的物质财富作为后盾吗？没有。有数量众多的军队和警察吗？也没有。就硬件设施来说，什么都没有。但是，他们有软实力。什么软实力？非一言能尽。但肯定是一种看不见摸不着的无形的实力。利用软实力的统治方式是侧重于以我之无形激活他人之有形，利用他人的力量达到自己的目的。周公东征后，成王把一部分领土分封给商微子启，让他建立宋国，遵从旧典，管束商的臣民，拥戴周王室；又把部分臣服的殷遗贵族迁于成周，让他们仍保留自己的田宅、领土；成王还分给卫康叔殷七族遗民，分给鲁伯禽殷六族遗民。在以上地区，周王对殷遗民"皆启以商政"，继续殷商的法律，尊重殷商的传统，以怀柔政策，图求殷商旧族的合作与归顺。这些说明，统治者尽可能少用自己的东西强加于他人，而多利用他人原有的东西。这也就是老子说的"大象无形"①、"用人之力"②。所以，

---

① 《韩非子·解老》，史仲文主编：《中华经典藏书》，北京出版社1999年版，第4648页。
② 《道德经》第六十八章，史仲文主编：《中华经典藏书》，北京出版社1999年版，第2349页。

河南在中国上古时期的特殊地位，也是适合于产生老子思想的。

由上可见，老子的籍贯无论在哪儿，都不影响得出这样一个结论，老子文化首先是河南的文化。

关于老子的著作《道德经》，先不谈内容，仅就书的版本问题，学者的争论就是万世永无终结。据统计，清代之前，《道德经》的版本就超过一百种。魏晋以来，《老子》流行的文本以河上公注本和王弼注本为主。通行今本也以河上公本和王弼本为基础。1973年，长沙马王堆帛书甲本（公元前206年—前195年）、乙本（公元前180年—前157年）出土。帛书《道德经》，早王弼本四百余年。1993年湖北郭店楚简本（公元前4世纪）出土。古书在上千年的传抄、刻印过程中难免出现错误，因此，不断地出现校订本。迄今为止，校订本共三千多种。目前，学术界较为重视的版本，是王弼的版本和长沙马王堆出土的两个抄本（称为帛书甲本、乙本）。现存《老子》的版本，除汉初帛书本外，还有许多版本流传。约略统计，石刻14种，其中以唐太宗时虞世南校写的石刻《老子》为最古。其次为唐中宗景龙二年（708）易州龙兴观道德经碑。唐写本《老子》残卷，散见于各地保存的敦煌经卷中，为数颇多。这里笔者拟继续使用世间较为流行的王弼本。

二　老子《道德经》的思想

关于老子思想的研究资料只有《道德经》以及司马迁《史记》中老子事迹的记载。对老子的思想，笔者就以下几个重要问题加以研讨。

（一）如何解读老子的"道"

《道德经》的核心思想就是"道"，道家特色就是其思想体系以"道"为核心。那么"道"的含义究竟是什么？迄今很难说清。《道德经》开宗："道可道，非常道。名可名，非常名。"①"道"能够直接表达出来，就不是真正的"道"，"道"能够直接给予确定的名称，这个名称一定不是真正能够反映"道"的名称。老子为什么不给"道"下定义？因为一下定义就破坏了"道"的本义。"常"者真也，被定义出来的"道"一定不真了。老子甚至认为，使用"道"这个字眼本身都应是一种勉强："强字之曰道。"②再进一步的描绘也都是勉

---

① 《道德经》第一章，史仲文主编：《中华经典藏书》，北京出版社 1999 年版，第 2331 页。
② 《道德经》第二十五章，史仲文主编：《中华经典藏书》，北京出版社 1999 年版，第 2337 页。

强："强为之名曰大。"① 如何为道也是勉强形容："古之善为道者，微妙玄通，深不可识。夫唯不可识，故强为之容。"②

明代思想家王阳明也如此看。王阳明的学生刘观时向他请教"道"：（刘观时）问于阳明子曰："道有可见乎？"（王阳明）曰："有，有而未尝有也。"曰："然则无可见乎？"曰："无，无而未尝无也。"曰："然则何以为见乎？"曰："见而未尝见也。"观时曰："弟子之惑滋甚矣。夫子则明言以教我乎？"阳明子曰："道不可言也，强为之言而益晦；道无可见也，妄为之见而益远。夫有而未尝有，是真有也；无而未尝无，是真无也；见而未尝见，是真见也。"③王阳明的意思很清楚，"道"不可言说，一言说就破坏了"道"，越言说，"道"的真实含义越远离我们。法国直觉主义哲学家柏格森探寻哲学最真实最深刻的对象时，也有类似看法。他说："形而上学就是一门不用符号的科学。"④这和老子的看法一样，哲学层次的真理是不能用语言表达的。

"道"虽然不可言说，但是"道"是一定存在的，老子绝不可能杜撰一个不存在的东西欺骗世人。可"道"又不能表

---

① 《道德经》第二十五章，史仲文主编：《中华经典藏书》，北京出版社1999年版，第2337页。

② 《道德经》第二十五章，史仲文主编：《中华经典藏书》，北京出版社1999年版，第2334页。

③ 《王阳明全集》卷四《见斋说》（乙亥），上海古籍出版社1992年版，第262页。

④ 柏格森：《形而上学导言》，刘放桐译，商务印书馆1963年版，第4页。

达，怎么办？笔者以为，虽然"道"不能表达，但"道"仍可认识，只要方法恰当。笔者提出以下方法。

1. 我与认知对象合一

柏格森说："以空间中某一对象的运动为例来说吧！由于我在观察对象运动时所处的观察点或动或静的不同，我对于运动的知觉也不同。由于我使之相联系的参考系的轴线和构成或者参考系的原点的不同，也就是由于我在说明它时所使用的符号不同，我对他的表达就会不同。基于这二重理由，我把这种运动叫做相对运动，因为无论在前一种情况下或者后一种情况下，我都处于对象本身之外。但是，当我谈到绝对的运动时，我就是把一种内在的东西，即所谓精神状态，归属于运动着的物体，同时我还暗示我与这种状态相交融，我通过想象的努力而把自己插入它们之内。"[1]"我将不再从我所处的外部来了解运动，而是从运动所在的地方、从内部，事实上就是从运动本身之中来了解运动。我将把握绝对的东西。"[2]总而言之，柏格森的意思是，在对象之外只能得到相对的对象，进入对象之中才能得到绝对的对象。柏格森的思路启发了我们：对老子的"道"必须入其内，与之合一，才能领会"道"的真谛。柏格森又以作家写小说为例："作家可以给他的主人翁的性格加上

① 柏格森：《形而上学导言》，刘放桐译，商务印书馆1963年版，第1页。
② 柏格森：《形而上学导言》，刘放桐译，商务印书馆1963年版，第2页。

各种各样的特征，可以任其所好地描绘主人翁的言行举止。但是，如果我有一刹那能使自己与主人翁本身同一起来，我就会体验到一种单纯而不可分割的感受，这种感受是与作家的上述一切描绘不等值的。对我来说，人物的言行举止出自这种不可分割的感受，犹如涓涓不息的源头。它们不再是偶性，这种偶性加于我对人物的业已形成的观念之上，并使这个观念不断丰富，然而却永远不会使它完满。这个人物是我一下子整个地把握到的。"①一个作家在主人翁之外无论描绘对象多么详细，所把握的都只能是死板的、不完满的偶然性。只有作家与主人翁合一，才能把握住活生生的、完满的对象。对老子之"道"的把握也是如此。不与"道"合一，就永远领会不了"道"的真谛。

王阳明将"理"与"吾心"合而为一与此类似。早年王阳明"格"竹子为什么"格"不出"天理"？因为他把"天理"与主体分裂为二，当作纯客体。龙场磨难，有一夜他突然觉悟到，"天理"、"道"与心是合一的，"心即理也"②，"心即道，道即天，知心则知道、知天"。③那一夜的情形是，"忽中夜大悟格物致知之旨，寤寐中若有人语之者，不觉呼跃，从者皆惊。始知圣人之道，吾性自足，向之求理于事物者误也。乃以默记《五经》之言证之，莫不吻合，因著《五经臆

---

① 柏格森：《形而上学导言》，刘放桐译，商务印书馆1963年版，第2页。
② 《王阳明全集·传习录上》，上海古籍出版社1992年版，第26页。
③ 《王阳明全集·传习录上》，上海古籍出版社1992年版，第21页。

说》"①。"圣人之道，吾性自足"，我与求取的对象合一了。
"向之求理于事物者误也"，是说我与求取的对象没有合一，
所以得不到真知。体会到了这一点，王阳明才感觉到对"天
理"、"道"获得了真知。一友问（王阳明）："读书不记得
如何？"先生曰："只要晓得，如何要记得？要晓得已是落第
二义了，只要明得自家本体。若徒要记得，便不晓得；若徒要
晓得，便明不得自家的本体。"②王阳明所说的"明得自家本
体"的"晓得"就是心与书合一的境界，这是真知。柏格森的
我就是主人翁，主人翁就是我，与王阳明的我就是"天理"、
"道"，"天理"、"道"就是我是一个意思。

　　老子虽然没有强调主观精神为本，但《道德经》中也有
这种将"我"与"道"合一的显现。第十五讲："古之善为道
者，微妙玄通，深不可识。夫唯不可识，故强为之容：豫兮若
冬涉川；犹兮若畏四邻；俨兮其若客；涣兮其若凌释；敦兮其
若朴；旷兮其若谷；混兮其浊；澹兮其若海；飂兮若无止。
孰能浊以静之徐清？孰能安以动之徐生？保此道者，不欲盈。
夫唯不盈，故能蔽而新成。"③这一讲讲的是善为"道"者。
为"道"者即实践"道"者，其主体须与"道"合一，主体感
受"道"的状态。善为"道"者处世微妙，能够于无形中贯通

————————————
①《王阳明全集·年谱一》，上海古籍出版社1992年版，第1228页。
②《王阳明全集·传习录下》，上海古籍出版社1992年版，第103页。
③《道德经》第十五章，史仲文主编：《中华经典藏书》，北京出版社1999年版，
第2334—2335页。

一切，其待人接物不可测度，难以表达。因其不可测度难以表达，只好勉强做些形容。"豫兮若冬涉川"——小心翼翼，如走在冰冻的河上，生怕滑倒或掉进冰窟窿；"犹兮若畏四邻"——不敢轻动好像害怕得罪四邻；"俨兮其若客"——谨慎认真如寄居之客；"涣兮其若凌释"——宽缓松释如冰凌融化；"敦兮其若朴"——保持淳朴如原始木材；"旷兮其若谷"——虚怀空阔若山中空谷；"混兮其若浊"——混迹于万物之中如流淌的浊水；"澹兮其若海"——淡漠不争如甘居下位的大海；"飂兮若无止"——随风飘游如无所止。"孰能浊以静之徐清？孰能安以动之徐生？"——谁能使流淌的浊水定住转清？谁又能使定住的东西再动起来慢慢更新？"保此道者，不欲盈。夫唯不盈，故能蔽而新成。"——保住此道者不愿盈满。唯不盈满，才能不断除旧更新。在老子这里，用"豫"、"犹"、"俨"、"涣"、"敦"、"旷"、"混"、"澹"、"飂"等字眼来形容自己对"道"的感受。感受到的"道"是流动变化的、活生生的，是随遇而变的灵活体。这一表达虽然远不足以把握住"道"，但起码比在"道"之外对其进行纯逻辑分析要准确多了。活生生的"道"无论用多少个抽象的概念都绘制不了。

　　与"道"合一，得到的是对"道"的无穷性的把握。柏格森说："绝对的东西之所以总是与无限的东西同一，无疑正是这个道理。假如我向某一个不懂希腊文的人谈一段荷马的诗给我的最单纯的印象，我首先就要说出那一段诗的译文，然后对我的译文加以注解，再将这些注解加以发挥。就这样随着一层深似一层的解释，我就越来越能接近我所要表达的东西，但是我永远不能完全达到它。当你举起你的手臂时，你就实现了一个你从内部有一个单纯的知觉的运动，但是，对于从外部来看你的手臂运动的我来说，你的手臂是先经过一点，然后经过另一点，而在这两点之间还会有其他点，如果我要计数的话，那就可以无终结地计下去。因此，如果我们从内部着眼，那么绝对的东西就是一个单纯的事物；如果从外部着眼，也就是从对其他事物的关系着眼，那么对于表达它的那些符号的关系来说，它就如一枚金币，这枚金币的价值我们大概永远无法用零钱来计算。由此可见，那种同时能引起一种不可分割的了解和一种无穷的枚举的东西，按其词的定义来说就是无限的东西。"①柏格森的比喻很精彩。如果你看你之外的一个手臂上下运动，那么向上到达的点和向下到达的点是分解开的两个点。但如果是你自己的手臂在上下运动，那么你所感受的就是一个完整的生命驱动，上面的点融合了下面的点，下面的点融合了上面的点，不可分解开看。就像有一次我在重庆九龙坡区杨家坪步行街的"十里串串香"吃麻辣串。你只是看看价格，荤串串鹌鹑蛋、牛肉、肉肠、鸡心一串都是三角钱，过于便宜。素串串一串菜就几片叶子，一串海带就一小片，一串土豆就一小

---

① 柏格森：《形而上学导言》，刘放桐译，商务印书馆1963年版，第3页。

片，也是三角钱，太贵了。可你进去吃一顿就会发现，想吃得舒服，就不可能只吃荤的不吃素的，只吃便宜的不吃贵的。这荤素贵贱构成一个不可分割的整体——口腹之欲的满足。其中，贵的融合了便宜的，便宜的融合了贵的，整体说来价格是适中的。

对老子"道"的理解也必须作如此领会。"道"是一个绝对性的整体，是完整的生命力，任何概念的诠释都导致将其静止化、片面化。"天下皆知美之为美，斯恶已。皆知善之为善，斯不善已。有无相生，难易相成，长短相形，高下相盈，音声相和，前后相随。恒也。是以圣人处无为之事，行不言之教；万物作而弗始，生而弗有，为而弗恃，功成而弗居。夫唯弗居，是以不去。"①这一讲中的美和丑、善和不善、有和无、难和易、长和短、高和下、音和声、前和后对立面互相包含，都是同一生命力的驱动过程。"无为"、"不言"、"弗始"、"弗有"、"弗恃"、"弗居"都是强调不能滞留在生命里的某一阶段、某一片面、某一层次。"不去"就是不偏离"道"。

2. 超功利境界

要想领会"道"必须摆脱功利之心。功利之心最容易使人停滞和走偏。柏格森认为，只有直觉才能真正观照到事物的本

---

① 《道德经》第三章，史仲文主编：《中华经典藏书》，北京出版社1999年版，第2331页。

相。因为直觉摆脱了功利。直觉就是摆脱了功利心而对事物的观照。直觉往往来自于疏忽，心不在焉，这无形中摆脱了功利之心，使我们的灵魂高尚起来，超脱于生活之上、事物之上，使我们以一种前所未有的方式，一种纯粹的直观状态去观照事物。这时，物质世界的种种形象、色彩和声音，以及内心生活中最微妙的活动，都会毫无障蔽地呈现在眼前。这就是直觉，也是艺术。①

　　老子描绘了这种摆脱功利之心的心境。"荒兮，其未央哉！众人熙熙，如享太牢，如春登台。我独泊兮，其未兆；沌沌兮，如婴儿之未孩；累累兮，若无所归。众人皆有馀，而我独若遗。我愚人之心也哉！俗人昭昭，我独昏昏。俗人察察，我独闷闷。众人皆有以，而我独顽且鄙。"②我心中是道，故广阔而无穷。众人热热闹闹地享受生活，如享大餐，如高台览春，我独淡漠，不显踪迹；我处混沌中，如婴儿初生还不能逗乐；我四处漫游，若无所归。众人皆盈，我独亏，我好像有一颗愚人之心啊！世人皆明白，我独昏沉；世人皆精明，我独糊涂涂；世人皆有所追求，我独愚顽浅陋。这种对功利的超越心境，就是老子认识"道"行"道"的境界。非如此不能认识"道"。

　　"上善若水。水善利万物而不争，处众人之所恶，故几于

---

① 拉·科拉柯夫斯基：《柏格森》，牟斌译，中国社会科学出版社1991年版，第319页。
② 《道德经》第二十章，史仲文主编：《中华经典藏书》，北京出版社1999年版，第2336页。

道……夫唯不争，故无尤。"①"上善"指高层次的善。水与"道"性最为接近。水之善在激活万物而不与万物争高位。众人所恶者，低位也。但万物之根就在下。水甘居下滋润万物，故称其为"上善"。如何做到"上善"呢？总的原则是，模仿水，只激活万物而不与万物争存，故尔不受指摘。

"天长地久。天地所以能长且久者，以其不自生，故能长生。是以圣人后其身而身先；外其身而身存。非以其无私邪？故能成其私。"②天地能长久"以其不自生"。"不自生"者，不独存也。天地乃万物之总和，通过万物的更新不竭而不死。所谓流水不腐，户枢不蠹。圣人之业须资藉于万物。"后其身而身先"谓处世不能先求自身之存，而须先求万物之存。"外其身而身存"谓将自身之独存置之度外。圣人以资藉万物成就圣业，这就是以无私成就其私。"道"就是在这种"后其身而身先，外其身而身存"的境界中体会到的。

3. 喻象性的表达方式

所谓喻象性，是说"道"不可以条理明言，只能通过具体事物明喻。佛教禅宗认为，"佛性"不可言喻，不能被条理化，只能在具体事物中体悟，故提出"搬柴运水无非佛事"，

---

① 《道德经》第八章，史仲文主编：《中华经典藏书》，北京出版社1999年版，第2333页。

② 《道德经》第七章，史仲文主编：《中华经典藏书》，北京出版社1999年版，第2332页。

"在在处处皆是道场",以至驴鸣狗叫、拉屎撒尿皆有"西来大意"。其实,老子的"道"就是生活之"道",剥离生活就不可能领会"道",只有寓于生活,才能参透"道"。东郭子问庄子曰:"所谓道,恶乎在?"庄子曰:"无所不在。"东郭子曰:"期而后可。"庄子曰:"在蝼蚁。"曰:"何其下邪?"曰:"在稊稗。"曰:"何其愈下邪?"曰:"在瓦甓。"曰:"何其愈甚邪?"曰:"在屎溺。"①别看庄子对"道"的形容高不可攀、玄不可测,但要了解"道"只要接触眼前琐细之物即可。

深受道家影响的王阳明就是要求学生在具体事物中领会"道"——"良知"。王阳明的学生请求老师用语言解析"良知"的概念,王阳明认为,若脱离具体事物单独解析会越解越糊涂,只有入于事情中才能弄懂"良知"。他说:"政事虽剧,亦皆学问之地。"②"郡务虽繁,然民人社稷莫非实学。"③有一属官,心慕阳明心学,说:"此学甚好,只是簿书讼狱繁难,不得为学。"阳明答:"我何尝教尔离了簿书讼狱,悬空去讲学?尔既有官司之事,便从官司的事上为学……簿书狱讼之间,无非实学;若离了事物为学,却是着空。"④阳明赋诗,

---

①《庄子·知北游》,史仲文主编:《中华经典藏书》,北京出版社1999年版,第2416页。
②《王阳明全集·文录一·答徐成之》,上海古籍出版社1992年版,第145页。
③《王阳明全集·文录一·答路宾阳》,上海古籍出版社1992年版,第192页。
④《王阳明全集·传习录下》,上海古籍出版社1992年版,第94—95页。

"坐起歌咏俱是实学"①，甚至"饥来吃饭倦来眠"②也是求"良知"的活动。王阳明有这样一段话可视为对喻象性的概括："目无体，以万物之色为体；耳无体，以万物之声为体；鼻无体，以万物之臭为体；口无体，以万物之味为体；心无体，以天地万物感应之是非为体。"③

　　无论是庄子还是王阳明，其对"道"的领会方式都渊源于老子。老子表达"道"的方式就是用喻象性。比如说画月亮，西方人的画法是写实——实实在在地画一个白色的圆形烧饼，连月亮上的纹路明暗都描绘出来。老子不直接画月亮，而是画云、风和影子，月亮藏于其中，通过那些物象来衬托出自己的存在。例如，白居易《宴散》述说富贵。诗中有"笙歌归院落，灯火下楼台"。诗人没有正面描绘宴会酒筵之丰盛，笙歌之优美，而是抓住宴散时的两个镜头，加以烘衬，宴会的盛况就尽在其中了。欧阳修评价："晏元献公（殊）喜评诗，尝云'老觉腰金重，慵便枕玉凉'未是富贵语，不如'笙歌归院落，灯火下楼台'，此善言富贵者也。"④两句诗尽弃金玉锦绣一类的庸俗字句，而以极其疏淡的笔墨，绘出了身居高位的白居易的富贵气象和赏心乐事。鲁迅在《革命文学》中也有

---

① 《王阳明全集·外集第一春日花间偶集示门生》，上海古籍出版社1992年版，第713页。
② 《王阳明全集·外集第二答人问道》，上海古籍出版社1992年版，第791页。
③ 《王阳明全集·传习录下》，上海古籍出版社1992年版，第108页。
④ 《四库全书·文忠集·归田录》，上海人民出版社光碟检索版1999年11月。

同类说法："唐朝人早就知道，穷措大想做富贵诗，多用些'金''玉''锦''绮'字面，自以为豪华，而不知适见其寒蠢。"老子对"道"的表达亦是如此。《道德经》始终没有直接说"道"是什么，而是形容"道"是什么样子。"道"是什么样子？"水"、"气"、"母"、"婴"、"虚"、"天地"、"橐龠"、"石"……那些样子。所以，笔者以为，《道德经》通篇都在讲"道"，但又通篇没有讲"道"。讲"道"是说通篇都在形容"道"是什么样，没有讲"道"是说通篇都没有直接给"道"下一个定义。

其实老子的"道"根本就不能直接下定义，只能通过描绘其形态反衬它，即在形容其为何种形态的过程中加以认识。

以上三点探讨了认识"道"的方法。根据这些方法，下面进入最关键性的主题——什么是"道"？

（二）"道"——生命力

"道"虽然不能直接下定义，但笔者的教师职业决定笔者必须强行说出。哪怕是说得不特别准确，但做到尽可能接近"道"的本义。许多人把"道"解读为规律、法则，这大错特错，若做此理解就等于把"道"扼杀至死。规律、法则是固定不变的，"道"是变化无常的。"道"应该被理解为生命力。直观这一生命力的形态，老子数次使用"冲"字："道生一，一生二，二生三，三生万物。万物负阴而抱阳，冲气以为和。"①"道""冲气"是形容"道"生机勃发,不可遏止。
"大盈若冲,其用不穷。"②"道冲,而用之或不盈。"③这两
句话的"冲"多被解读为"空",并无不宜,但应进一步挖掘
"空"。它不是日常生活的空无一物之空,而是老子的哲学之
空。何为老子的哲学之空?用一些比喻, 物理学家冯·劳厄
说:什么是物理学的素质?当你把具体的物理学知识都忘光,
你头脑中剩下的就是物理学素质。表面上看你头脑中什么物理
学知识都不知道,其实你头脑中具备了生机勃勃的物理学素
质,什么知识都能够知道。当年爱因斯坦到爱迪生处应聘时,
爱迪生问了他几个具体的物理学公式和数字,他全都回答不出
来,只是说知道在哪本书里查阅。表面看他什么都不知道,
其实他的睿智喷涌什么都知道。1981年笔者从北大哲学系毕业
时,碰到几个参加知识竞赛的人请教几个文史知识,结果一个
也答不上来,被奚落了几句。事后,笔者懊丧地对北大哲学系
赵光武教授讲了这件事,说自己这几年书白念了。赵教授不以
为然。他说,你这几年真正的收获不应在记住一些具体知识
上,而是领会知识、解剖知识、加工知识、表达知识的能力。
笔者顿时信心倍增。

①《道德经》第四十二章,史仲文主编:《中华经典藏书》,北京出版社1999年
版,第2342页。
②《道德经》第四十五章,史仲文主编:《中华经典藏书》,北京出版社1999年
版,第2343页。
③《道德经》第四章,史仲文主编:《中华经典藏书》,北京出版社1999年版,
第2332页。

依此理解老子的"道"之空，所空的只是具体形态，所具有的是能够化为无数具体形态的生命力。

　　"道"不但是生命力，而且应被视为最强大的生命力。为何如是说？

　　"道"具有自我更新的能力。

　　这种能力的突出点在于自我，即自己否定自己，自己改变自己。

　　"道"首先是"母"。"有，名万物之母"①，天地间任何事物都是从"道"这一母体脱胎出来。"谷神不死，是谓玄牝。玄牝之门，是谓天地根。"② 柔顺之神不死亡，她是妙不可言的母性。妙不可言的母性是赋予万物生命力的门径，故称其为"天地根"。"我独异于人，而贵食母。"③ 唯我与众不同，我注重的是万物之"母"，这个"母"就是"道"。"有物混成，先天地生。寂兮寥兮，独立而不改，周行而不殆，可以为天地母。吾不知其名，字之曰道，强为之名曰大。"④ 有那么一个由万物混成的东西，生于天地未畔之前。他寂静旷远，独立不变，循环运行不息，可以成为天地之"母"。我不知如何命

①《道德经》第一章，史仲文主编：《中华经典藏书》，北京出版社 1999 年版，第 2331 页。

②《道德经》第六章，史仲文主编：《中华经典藏书》，北京出版社 1999 年版，第 2332 页。

③《道德经》第二十章，史仲文主编：《中华经典藏书》，北京出版社 1999 年版，第 2336 页。

④《道德经》第二十五章，史仲文主编：《中华经典藏书》，北京出版社 1999 年版，第 2337 页。

称他，勉强用"道"称呼之，勉强用"大"来形容之。"天下有始，以为天下母。既得其母，以知其子，复守其母，没身不殆。"①天下每一物都有开端，此开端为天下每一物之根——"母"。得到每一物之根，便可深知每一物；守住每一物之根，每一物终身就没有危险。"道"这一层次的"母"是永远不死的，故曰"谷神不死"。

"道"不但是"母"，还是"婴儿"："沌沌兮，如婴儿之未孩。"②我处懵懂中，如婴儿初生还不能逗乐。"知其雄，守其雌，为天下溪。为天下溪，常德不离，复归于婴儿。"③洞察到对方的生命力，我要主动搭建平台，使之被激发出来。就像细小的溪水。波涛汹涌的江河渊源于细小的溪水，有了源源不绝的溪水不事声张地汇集，才有汹涌澎湃的大江大河。大江大河的源生力是涓涓溪水，所以溪水才是真正的生命力——"德"之所在。守住溪水就相当于守住人的生命源头——婴儿，婴儿时期生命力基础打得好，成人阶段身体才强壮。"含德之厚，比之赤子。"④含"德"深厚（生命力足）的人，如

---

① 《道德经》第五十二章，史仲文主编：《中华经典藏书》，北京出版社1999年版，第2345页。

② 《道德经》第二十章，史仲文主编：《中华经典藏书》，北京出版社1999年版，第2336页。

③ 《道德经》第二十八章，史仲文主编：《中华经典藏书》，北京出版社1999年版，第2338页。

④ 《道德经》第五十五章，史仲文主编：《中华经典藏书》，北京出版社1999年版，第2345页。

同初生婴儿。"专气致柔，能如婴儿乎？"①捏拿抻卷自身的形气，能使之柔韧有生气如初生的婴儿吗？表面看婴儿是空虚无物什么都没有。其实，婴儿如同含苞欲放的花朵，内涵丰富、潜力无限。潜存着没有释放出来的世界，是开端，不是潜力已经释放完了的垂暮者。"道……故常无，欲以观其妙；常有，欲以观其徼。此两者，同出而异名，同谓之玄。玄之又玄，众妙之门。"②"无"并非是什么都没有，而是生机未显，故称其"妙"；"有"是说有端倪、苗头，故称其"徼"。婴儿就是处于这样一种既有又无的矛盾状态。"视之不见，名曰夷；听之不闻，名曰希；搏之不得，名曰微。此三者不可致诘，故混而为一。其上不皦，其下不昧。绳绳兮不可名，复归于物。是谓无状之状，无物之象，是谓惚恍。"③婴儿的前途就是"视之不见"、"听之不闻"、"搏之不得"和"无状之状，无物之象"的"恍惚"，非要刨根问底地追问婴儿的前途，是什么也问不出来的。

　　"母"虽然生命力很强，但如果仅把"道"理解为"母"还是没有真正领会其生命力之强。"婴儿"是东升之旭日，生命力旺盛。但如果仅把"道"理解为"婴儿"，也还是没有真

① 《道德经》第十章，史仲文主编：《中华经典藏书》，北京出版社1999年版，第2333页。

② 《道德经》第一章，史仲文主编：《中华经典藏书》，北京出版社1999年版，第2331页。

③ 《道德经》第十四章，史仲文主编：《中华经典藏书》，北京出版社1999年版，第2334页。

正领会其生命力之强。"道"之所以是最强大的生命力，原因在于他既是"母"又是"婴儿"。也就是说，"道"既是产生者又是被产生者。"道"自己产生自己，自己发展自己，具有自我更新的能力。《道德经》首讲："无，名天地之始；有，名万物之母。""始"指开端，是婴儿阶段；"母"是根基，是生命之源。所以《道德经》一开始就展示出产生者与被产生者原本一体。自我更新重在自我，老子说："知人者智，自知者明。胜人者有力，自胜者强。"①"自知"、"自胜"意味着把自己当做对手，"道"的生命力的强大首先在于此。

反观中华民族历史，"臧文仲曰：'宋其兴乎！禹、汤罪己，其兴也悖焉；桀、纣罪人，其亡也忽焉。'"②也就是说，从大禹开始，四千多年前中华民族就出现了自我反省的统治者。这个传统延续到后来，每当王朝发生危机时，帝王都要发布罪己诏书。有人说这是虚伪，这种说法失之简单。商汤王在《汤诰》中说："罪当朕躬，弗敢自赦，唯简在上帝之心，其尔万方有罪在予一人，予一人有罪无以尔万方。"③罪都在我身上，我不敢赦免自己，我想上帝心里是非常清楚的。人民有罪，根在我身

---

① 《道德经》第三十三章，史仲文主编：《中华经典藏书》，北京出版社1999年版，第2339页。
② 《左传·庄公传十一》，史仲文主编：《中华经典藏书》，北京出版社1999年版，第569页。
③ 《尚书·汤诰》，史仲文主编：《中华经典藏书》，北京出版社1999年版，第90—91页。

上，都由我一个人来承担。商汤王的态度是诚恳的。《荀子·大略第二十七》记载了商汤王的自我反省："汤旱而祷曰：'政不节与？使民疾与？何以不雨至斯极也！宫室荣与？妇谒盛与？何以不雨至斯之极也！苞苴行与？谗夫兴与？何以不雨至斯极也！'"①商汤王求雨时反省道：是因为我的政治过于严酷不够节制吗？是因为我役使民众太繁吗？是因为我的王宫兴建得过于壮观吗？是因为我周围女子私人请托之事太多吗？是因为朝廷货赂公行吗？是因为朝廷谗佞之臣太多了吗？为何天不下雨旱到如此程度呢？商汤王从行政的强度、行政的成本支出、行政的规范几个角度反省自己，这几个方面为后来中华帝国的统治者们的自我反省提供了基本的构架。

从大禹罪己一直到清末，有文字可考者绵延达四千多年。仅就二十五史中的记载，约有八十多位皇帝下过罪己诏书。从公元前179年汉文帝始发到公元1900年8月20日光绪皇帝终发，大约发布过260份罪己诏书。时间跨度是2079年，平均8—9年就发布一份。

有人认为君主发布罪己诏书是为了欺骗世人，笔者以为此说法过于武断。中华帝王发布罪己诏书已经长达四千年以上，且密度相当高，若无真情实意，恐早成世人笑柄，何能绵延长久！再有，中华有修史传统，每一王朝都把修前朝史作为一项

---

①《荀子·大略》，史仲文主编：《中华经典藏书》，北京出版社1999年版，第1303页。

重要工作。通过修史，历览前朝成败兴衰，以为今日治国安邦提供借鉴。所以几千年来的修史传统，更说明中华民族是一个能够自觉地反省，善于自我更新的民族。

对一个组织、一个社会进行更新是不容易的。然而更难的是，一个组织、一个社会自觉地进行自我更新。"道"具有自我更新的机制，故其生命力强大无比。

（三）"道"之生命力的释放

笔者以为老子《道德经》除了要说明"道"就是生命力之外还重在说明如何释放出这种生命力。如何释放呢？既要做好母亲，又要做好婴儿。

1.如何做母亲

唐人孟郊著名的《游子吟》："慈母手中线，游子身上衣；临行密密缝，意恐迟迟归；谁言寸草心，报得三春晖。"明人朱柏庐写的一首感人至深的《劝孝歌》，当时流传于江浙一带，如今仍被传诵："父母皆艰辛，尤以母为笃。胎婴未成人，十月怀母腹。渴饮母之血，饥食母之肉。儿身将欲生，母身如在狱。惟恐生产时，身为鬼眷属。一旦儿见面，母命喜再续。爱之若珍宝，日夜勤抚鞠。母卧湿簟席，儿眠干被褥。儿睡正安稳，母不敢伸缩。儿秽不嫌臭，儿病身甘赎。儿要能步履，举止虑颠状。哺乳经三年，汗血耗千斛。儿要能饮食，省口姿所欲。劬劳辛苦尽，儿年十五六。慧敏恐疲劳，愚怠忧碌碌。有善先表扬，有过则教育。儿出未归来，倚门继以烛。儿行千里路，亲心千里逐。"①

汶川地震，母亲的无私又一次感动了世人。网络上广为流传着一个帖子，很多网民为之感动：抢救人员发现她的时候，她已经死了，是被垮塌下来的房子压死的，透过那一堆废墟的间隙可以看到她死亡的姿势，双膝跪着，整个上身向前匍匐着，双手扶着地支撑着身体，有些像古人行跪拜礼，只是身体被压得变形了，看上去有些诡异。救援人员从废墟的空隙伸手进去确认了她已经死亡，又冲着废墟喊了几声，用撬棍在砖头上敲了几下，里面没有任何回应。当人群走到下一个建筑物的时候，救援队长忽然往回跑，边跑边喊"快过来"。他又来到她的尸体前，费力地把手伸进她的身子底下摸索。他摸了几下，高声地喊："有人，有个孩子，还活着。"经过一番努力，人们小心地把挡着她的废墟清理开，在她的身体下面躺着她的孩子，包在一个红色带黄花的小被子里，大概有三四个月大。因为母亲的身体庇护着，他毫发未伤，抱出来的时候，他还安静地睡着，他熟睡的脸让所有在场的人感到很温暖。随行的医生过来解开被子准备做些检查，发现有一部手机塞在被子里，医生下意识地看了下手机屏幕，发现屏幕上是一条已经写

---

① 季能顺：《朱柏庐的另一力作——〈劝孝歌〉》，《家长》1998年第5期。

好的短信："亲爱的宝贝，如果你能活着，一定要记住我爱你。"看惯了生离死别的医生却在这一刻落泪了，手机传递着，每个看到短信的人都落泪了。[①]这个无私的母亲就是"道"在现实生活中的具体体现。

母亲是最坚强、最勇敢的。

"道"就是母亲，老子把母亲的伟大升华到哲学的高度，以"道"之大描绘母亲之大。

（1）母亲巨大

"天下皆谓我道大，似不肖。夫唯大，故似不肖。若肖，久矣其细也夫！"[②]天下都说我行的"道"巨大，似乎不像什么。就是因为太大，世界每一物都比"道"小，所以似乎不像什么。若非得让"道"像什么，时间长了，"道"就会像每个具体物那样渺小了。

"有物混成，先天地生。寂兮寥兮，独立而不改，周行而不殆，可以为天地母。吾不知其名，强字之曰道，强为之名曰大"[③]有那么一个由万物混成的东西，生于天地未畔之前。他寂静寥廓，独立不变，循环运行不息，可以理解为天地的母亲。

---

① 网易，新闻中心，四川汶川县发生 7.8 级地震，2008—05—17，14:39:10。
② 《道德经》第六十七章，史仲文主编：《中华经典藏书》，北京出版社 1999 年版，第2349页。
③ 《道德经》第二十五章，史仲文主编：《中华经典藏书》，北京出版社 1999 年版，第2337页。

我不知如何命名她，勉强用"道"称呼之，勉强用"大"来形容之。

"大道泛兮，其可左右。"①"道"漫涌于天下，无所不至。

（2）母性无私

"圣人不积，既以为人己愈有，既以与人己愈多。天之道，利而不害；圣人之道，为而不争。"②圣人不积私财，越是为别人做事自己越占有，给予别人越多自己所得越多。天之道利人而不害人，圣人之道，为他人做事而不为己争。

"故贵以身为天下，若可寄天下；爱以身为天下，若可托天下。"③只有将个人的利益融于天下，贵天下若贵其身，爱天下若爱其身，这样的人才可将天下寄托之。

"江海之所以能为百谷王者，以其善下之，故能为百谷王。是以圣人欲上民，必以言下之；欲先民，必以身后之。是以圣人处上而民不重，处前而民不害。是以天下乐推而不厌。以其不争，故天下莫能与之争。"④江海之所以超越无数深谷、成为最能汇聚河流的地方，因为其地势最低，故能超越无数深

---

①《道德经》第三十四章，史仲文主编：《中华经典藏书》，北京出版社1999年版，第2339页。

②《道德经》第八十一章，史仲文主编：《中华经典藏书》，北京出版社1999年版，第2352页。

③《道德经》第十三章，史仲文主编：《中华经典藏书》，北京出版社1999年版，第2334页。

④《道德经》第六十六章，史仲文主编：《中华经典藏书》，北京出版社1999年版，第2348页。

谷。所以，圣人想成为民众的领导者，必须先以谦下低调使民众归之如水。想成为民众的表率，在好处面前必须置身民众之后。所以圣人成为领导，民众不觉得有负担，做一些超前的事情，民众不觉得有妨碍。所以，天下人乐于拥戴圣人，对圣人当领导不会厌烦。圣人从不与人争夺，所以天下也没有人与他相争。

　　"天长地久。天地所以能长且久者，以其不自生，故能长生。是以圣人后其身而身先；外其身而身存。非以其无私邪？故能成其私。"① 天地能长久"以其不自生"。"不自生"者，不独存也。天地乃万物之总和，通过万物的不断更新而不死。所谓"流水不腐，户枢不蠹"。圣人之业亦如天地，亦资藉于万物。"后其身而身先"，谓处世不能先求自身之存，而须先求万物之存。"外其身而身存"，谓将自身之独存置之度外。圣人以资藉万物成就圣业，这就是以无私成就其私。

　　"上善若水。水善利万物而不争，处众人之所恶，故几于道。居善地，心善渊，与善仁，言善信，政善治，事善能，动善时。夫唯不争，故无尤。"② "上善"指高层次的善。水之善在激活万物而不与万物争高位。众人所恶者，低位也。但万物之根就在下。水甘居下滋润万物，故称其为"上善"。如何做到"上善"呢？人要选择合适的位置，精神达到一定的深度，

---

① 《道德经》第七章，史仲文主编：《中华经典藏书》，北京出版社 1999 年版，第 2332 页。
② 《道德经》第八章，史仲文主编：《中华经典藏书》，北京出版社 1999 年版，第 2333 页。

交往能够以合适的方式表达自己的仁爱，说话善于取信于人，群体关系善于协调，做事善于发挥自己的长处，举动善于选择时机。总的原则是，模仿水，只激活万物而不与万物争存，故尔不受指摘。

（3）母性柔小而强大

一个母亲在家庭中，纵向有祖、父、孙辈；横向有丈夫、叔姑、庶妻及其子女。唯抓大要，方可协调各方。母亲的根本是柔顺。每个家庭成员都有由自己的特殊性而形成的个性。母亲的柔顺能够把这些个性黏合成一个整体。"道常无名。朴虽小，天下不敢臣。王侯若能守，万物将自宾。"[①]"道"永远不能命称，以自然之态存在。虽然弱小，天下却无有能臣使者。统治者若能守住他，使万物将自然能够仆从于己。"天下之至柔，驰骋天下之至坚。"[②]天下最柔弱的东西能够在天下最坚硬的东西中驰骋。"见小曰明，守柔曰强。"[③]能察见细微的东西才叫聪明，能守住柔顺的才叫坚强。"天下莫柔弱于水，而攻坚强者莫之能胜，以其无以易之。弱之胜强，柔之胜刚，天下莫不知，莫能行。是以圣人云：'受国之垢，是谓社稷主；受

[①] 《道德经》第三十二章，史仲文主编：《中华经典藏书》，北京出版社1999年版，第2339页。

[②] 《道德经》第四十三章，史仲文主编：《中华经典藏书》，北京出版社1999年版，第2342页。

[③] 《道德经》第五十二章，史仲文主编：《中华经典藏书》，北京出版社1999年版，第2345页。

国不祥，是为天下王。'正言若反。"①天下没有比水更柔弱的，可是攻击坚硬强固的东西，谁也比不上它，因为它的渗透力是无以替代的。弱能战胜强大、柔能战胜刚强，天下无人不晓得，却无人能实行。故圣人有言："能够默默承受住整个国家的屈辱，才能当整个国家的君主；能够默默承受住整个国家的危险，才能当整个国家的统治者。"这些正面的道理总是用反面的话来表达。以上都是说，母亲虽娇小而柔弱，但母亲最有力量。

老子对母性的哲理性概括，也是世界不同国家、民族和领域的圣贤所共同认同的。兹将网民们搜集的一些赞美母亲的名言转录如下：

"母亲们是天生的哲学家。"

——斯托夫人（《汤姆叔叔的小屋》作者，美国女作家）

"母亲不是赖以依靠的人，而是使依靠成为不必要的人。"

——菲席尔·D.C.（美国女小说家）

"我之所有，我之所能，都归功于我天使般的母亲。"

——亚伯拉罕·林肯

"作为一个现代的父母，我很清楚重要的不是你给了孩子

---

① 《道德经》第七十八章，史仲文主编：《中华经典藏书》，北京出版社1999年版，第2351页。

们多少物质的东西，而是你倾注在他们身上的关心和爱。关心的态度不仅能帮你省下一笔可观的钱，而且甚至能使你感到一份欣慰，因为你花钱不多并且给予了胜过礼物的关怀。"

——诺埃尔·O.（美国作家）

"她让我感到了美的诱惑！"

——达尔文

"对我而言，我的母亲似乎是我认识的最了不起的女人……我遇见太多太多的世人，可是从未遇上像我母亲那般优雅的女人。如果我有所成就的话，这要归功于她。"

——查尔斯·卓别林

"年轻的时候，她说我是一个好孩子。有这样一个忘我牺牲的模范母亲，又怎能不做一个好孩子呢？"

——李斯特（匈牙利音乐大师）

"从母亲那里，我得到的是幸福和讲故事的快乐。"

——歌德

母亲那种献身精神、那种专注，灌输给一个男孩的是伟大的自尊，那些从小拥有这种自尊的人将永远不会放弃，而是发

展成自信的成年人。你有这种信心，如果再勤奋就可以成功。

——多萝西·埃诺博士（英国伦敦大学心理学家）

"当母亲逝世时，我身心交瘁，简直要垮掉，我几乎不知道如何生活下去。"

——希思（英国前首相）

"我的第一个启蒙老师是我的母亲。"

——茅盾

"我的母亲是我见过的最漂亮的女人。我所有的一切都归功于我的母亲。我一生中所有的成就都归功于我从她那儿得到的德、智、体的教育。"

——乔治·华盛顿

"无论我现在怎么样，还是希望以后会怎么样，都应当归功于我天使一般的母亲。我记得母亲的那些祷告，它们一直伴随着我而且已经陪伴了我一生。"

——亚伯拉罕·林肯

"一位好母亲抵得上一百个教师。"

——乔治·赫伯特（英国诗人）

"青春会逝去；爱情会枯萎；友谊的绿叶也会凋零。而一个母亲内心的希望比它们都要长久。"

——奥利弗·温戴尔·荷马

"世界上有一种最美丽的声音，那便是母亲的呼唤。"

——但丁

"世界上的一切光荣和骄傲，都来自母亲。"

——高尔基

"母爱是一种巨大的火焰。"

——罗曼·罗兰

"母亲的爱是永远不会枯竭的。"

——冈察洛夫

"母爱是女人心中简单、自然、丰硕、永不衰竭的东西，就像是生命的一大要素。"

——巴尔扎克

"女人固然是脆弱的，但母亲是坚强的。"

——雨果

"妈妈，您是母亲、知己和朋友的完美结合！"

——泰戈尔

"母爱不仅仅是指母亲对孩子的爱，也包含孩子对母亲的爱。"

—— 穆尼尔纳素夫

"人的嘴唇所能发出的最甜美的字眼，就是母亲，最美好的呼唤，就是'妈妈'。"

——纪伯伦

"慈母的胳膊是慈爱构成的，孩子睡在里面怎能不甜？"

——雨果

"母爱是多么强烈、自私，占据我们整个心灵的感情。"

——邓肯

"全世界的母亲多么的相像！她们的心始终一样。每一个母亲都有一颗极纯真的赤子之心。"

——惠特曼

"母亲是首诗，写满了勤劳、善良、自豪和挂牵；母亲是孩子走路的启蒙老师，教会了孩子为人处世的社会道理；母亲是孩子生命的保护伞，保护着孩子在磨砺中闯下去的勇气；母亲是孩子搏击风雨的靠背，回到母亲身边一切困惑就会得到安慰变得坚强。"

——艾君①

2."道"还是"婴儿"

表面看婴儿身上空虚无物，其实小婴儿如同含苞欲放的花朵，内涵丰富、潜力无限。婴儿潜存着没有释放出来的世界，是开端，不是潜力已经释放完了的垂暮者（民间说三岁看大，七岁看老，三岁小孩丰富的未来已经潜存）。

"道可道，非常道。名可名，非常名。无名天地之始；有名万物之母。故常无，欲以观其妙；常有，欲以观其徼。此两者，同出而异名，同谓之玄。玄之又玄，众妙之门。"②"道"既是"有"又是"无"。"故常无，欲以观其妙"，从真正的"无"中可洞察出其中的"妙"。"妙"者，不确定也，即不能简单理解为绝对的无有。"常有，欲以观其徼"，从"常有"中可洞察出依稀显露的苗头。"道"是始，故可以当作"母"来理解。同时，"道"的"有"与"无"之不确定，亦

---

① 母亲，搜狗百科，见http://baike.sogou.com/v177439.htm?from Title=《母亲》。

② 《道德经》第一章，史仲文主编：《中华经典藏书》，北京出版社 1999年版，第2331页。

将之当作"婴儿"来理解。"婴儿"的未来就是既有又无。"有"是有潜力,"无"是潜力还没有实现。

"视之不见,名曰夷;听之不闻,名曰希;搏之不得,名曰微。此三者不可致诘,故混而为一。其上不皦,其下不昧。绳绳兮不可名,复归于无物。是谓无状之状,无物之象,是谓惚恍。"①小婴儿的未来不就是这样吗?看又看不到,听又听不到,摸又摸不到。小婴儿还没有定形,其有形而无形,有象而无象。人们琢磨不透他的未来,故曰"惚恍"。"道生一,一生二,二生三,三生万物。万物负阴而抱阳,冲气以为和。"②"道"激活整体("一"),整体激活部分("二"),部分形成了统一体("三"),统一体激活万物。这段话也可以理解为小婴儿的能量、潜力一步步被激发出来。"冲"表示生气盎然、生机勃发,但无论如何勃发,都不能走向单边,终究要以健康的方式——阴阳之"和"生存。

小婴儿如何成长?如何释放出自己潜在的能量?实现自己的远大前途?应当注意,小婴儿初生,柔弱而没有资本,只能借助万物发展自己。

① 《道德经》第十四章,史仲文主编:《中华经典藏书》,北京出版社1999年版,第2334页。
② 《道德经》第四十二章,史仲文主编:《中华经典藏书》,北京出版社1999年版,第2342页。

（1）寓于具体事物中

《庄子》载：东郭子问于庄子曰："所谓道，恶乎在？"庄子曰："无所不在。"东郭子曰："期而后可。"庄子曰："在蝼蚁。"曰："何其下邪？"曰："在稊稗。"曰："何其愈下邪？"曰："在瓦甓（pì，砖）。"曰："何其愈甚邪？"曰："在屎溺。"①"道"就在具体事物中，不能超乎万物之上而独存。小婴儿就是"道"，不能脱离周围事物独立存在。

老子哲学中婴儿的成长途径是："上士闻道，勤而行之；中士闻道，若存若亡；下士闻道，大笑之。不笑不足以为道。故建言有之：明道若昧，进道若退，夷道若类，上德若谷，大白若辱，广德若不足，建德若偷，质真若渝，大方无隅，大器晚成，大音希声，大象无形。道隐无名。"②"道"不能脱离百姓的具体生活单独存在。上等身份的士（生活在上层，不了解基层情况）听说了"道"，以为简单，赶紧推行，务求立即成功；中等身份的士听说了"道"（因其对上层下层都是一知半解），对"道"的认识模糊不清，不知所措；与民众紧密结合的下等身份的士听说了"道"，不由得哈哈大笑（因为下等身

①《庄子·知北游》，史仲文主编：《中华经典藏书》，北京出版社1999年版，第2416页。

②《道德经》第四十一章，史仲文主编：《中华经典藏书》，北京出版社1999年版，第2342页。

份的士发现，"道"就是通过老百姓的平凡之事来表现，没有什么神奇的）。不哈哈大笑说明没有弄清楚"道"，也就不能行"道"。所以，老子引用老话：明亮的"道"就体现在昏昧不一的光之中；前进的"道"就体现在曲折的运动中；平坦的"道"就体现在崎岖不平的道路中；完满的"德"就体现在每一个水平参差的"德"中；广大的"德"就体现在每一个有局限性的"德"中；刚健的"德"就体现在每一个柔缓的"德"中；纯真之质就体现在纯度不齐的物料之中；洁白之色就体现在浊杂之色中；棱角就体现在弯转柔缓的表现形式中；优秀的器物是在无数器物的制作中慢慢打造出来的，由无数有缺憾的器物步步过渡而成；有震撼力的声音靠寂静才能衬托出；最大的物象是超出一切有形之物的无形；"道"隐藏在万物之中，因其所隐之物的名称为名称，其自身无名。总之，小婴儿就是要寓于万物之中，才能存在和发挥作用。

"民不畏威，则大威至。无狎其所居，无厌其所生。夫唯不厌，是以不厌。是以圣人自知不自见；自爱不自贵。故去彼取此。"[1]民众一旦不惧怕统治者的威严，对统治者来说大的祸患就要来临了。不要简慢地对待民众的生活，不要腻味民众的生活琐事。只要你不腻味民众，民众就不厌恶你。所以，圣人自知之明，不张扬自己；珍视自己所达到的"道"的境界，不自以为高

---

[1]《道德经》第七十二章，史仲文主编：《中华经典藏书》，北京出版社1999年版，第2350页。

贵。所以丢掉后者追求前者。小婴儿不要任性，不要自以为高于别人，看不起别人，厌恶别人。小婴儿要有自知之明，看到自己的不足，才能够为他人所接纳，发挥出自己的潜能。

（2）不逞己之力，能够借助外力

"辅万物之自然而不敢为。"[1]小婴儿没有现成的力量，只能借助外力。"善为士者，不武；善战者，不怒；善胜敌者，不与；善用人者，为之下。是谓不争之德，是谓用人之力，是谓配天古之极。"[2]好的武士用不着舞刀弄枪；善于作战者不用耀武扬威；能致胜者不与敌方直接接战；善于用人者待人谦下。以上讲的都是一个道理——坚守不争的品德。不争并非真的不争，而是借用对方的力量与之争，不用自己的力量与对方顶牛。这里讲的"用人之力"，就是借力打力。美籍华人程进才先生撰文谈太极拳"四两拨千斤"中的舍己从人的原理："太极拳的歌诀讲到，'掤捋挤按须认真，上下相随人难进，任凭巨力来打吾，引动四两拨千斤，引进落空合挤出，沾连粘随不丢顶'。与对方交手时，按照太极拳的歌诀要求，不顶不丢，引进落空，这就是运用舍己从人的原理。[3]与人交手并非用拙力

①《道德经》第六十四章，史仲文主编：《中华经典藏书》，北京出版社1999年版，第2348页。

②《道德经》第六十八章，史仲文主编：《中华经典藏书》，北京出版社1999年版，第2349页。

③程进才：《试论太极拳的"四两拨千斤"》，《邯郸学院学报》2009年第3期。

和对方相对抗，我守我疆，莫失重心，首先是不前俯后仰，稳定自己的重心，完全控制对方的来势方向，听准对方劲儿的大小，准确接将对方劲儿的着力点。不卑不亢，心平气和，屈伸往来，不顶不丢，顺其势，化其力，引进落空，舍去自已的抗力顶劲儿，顺从对方的劲力方位路线，使对方力量用尽落空，我方再顺势加力把对方打倒。例如，对方以猛力向我打来，我舍己从人，不但不以猛力还击，且不与对方相抗，我并不受力，而是顺其打来之势，向对方劲儿的前进方向捋之，加大对方向前的冲力，岂有不跌倒之理。就像陈照丕（陈氏太极拳一代宗师）所说'得机得势，当场不让步，举手不留情'，对方虽重千斤，只要舍己从人，四两之力牵动，拨之必倒，这也是从舍己从人中体现出的， 以小胜大、再以弱胜强、以慢胜快的'四两拨千斤'的妙用。"太极拳"四两拨千斤"的说法，是老子"用人之力"哲学绝佳的比喻。小婴儿缺乏硬实力，其自我实现的方式就是打太极。

　　"天下皆知美之为美，斯恶已。皆知善之为善，斯不善已。有无相生，难易相成，长短相形，高下相盈，音声相和，前后相随。恒也。"矛盾相互转化、相互依赖，这是客观规律，小婴儿可以顺势借用这些规律。"是以圣人处无为之事，行不言之教；万物作而弗始，生而弗有，为而弗恃，功成而不居。夫唯弗居，是以不去。"①小婴儿借用了这些规律取得成

---

① 《道德经》第二章，史仲文主编：《中华经典藏书》，北京出版社1999年版，第2331页。

功，一定要清醒地认识到，一切成就应归功于客观规律，自己只是顺应了客观规律而已。如果自以为是，把一切成就归功于自己，必定被淘汰，即所谓"去"。

沈括的《梦溪笔谈》卷24提道："元丰中，庆州界生子方虫，方为秋田之害。忽有一虫生，如土中狗蝎，其喙有钳，千万蔽地。遇子方虫，则以钳搏之，悉为两段。旬日，子方皆尽。岁以大穰。其是旧曾有之，土人谓之傍不肯。"宋神宗元丰年间，庆州地区生了子方虫，正要危害秋田里的庄稼。忽然有一种昆虫产生了，样子像泥土里的"狗蝎"，嘴上长有钳，成千上万，遍地都是；它们遇上子方虫，就用嘴上的钳与子方虫搏斗，子方虫全都被咬成两段。十天后，子方虫全被杀尽，当年因此而获得大丰收。这种虫过去曾经有过，当地人称它为"傍不肯"。①现在以虫治虫已经很普遍。七星瓢虫的幼虫每天可吃掉十几到几十只蚜虫，成虫一天可吃蚜虫一百多只。每亩棉田或果园，如果能迁入8000只瓢虫，就可不必喷洒农药了。

（3）不做作、不人为地助长事物

小婴儿需要一个自然的成长过程，不能揠苗助长，只能柔顺、低调，切忌人为地张扬壮大自己。老子说："曲则全，枉则直，洼则盈，敝则新，少则多，多则惑。是以圣人抱一为天

---

① 《四部丛刊·初编·集部》，书同文数字化技术有限公司光盘版1998年2月。

下式。不自见，故明；不自是，故彰；不自伐，故有功；不自矜，故长。夫唯不争，故天下莫能与之争。古之所谓'曲则全'者，岂虚言哉！诚全而归之。"①委屈才能求全，低就才能挺直，虚缺才能纳入，旧的才有必要更新，少得才有机会向多发展，太多造成负担很重，反而为出路困惑。所以，圣人抱着"道"为天下作表率。不自我表现反而更明了地表现出来；不一个劲儿地表白自己，大家反而对他看得更清楚；不自我夸耀，人们就知道他的功劳；不自我拔高，其地位自然很高。总之，只有抱着不争的态度，天下才没人与你争。古代委屈才能求全的说法岂是空话！委屈者真的达到了全。

　　"企者不立；跨者不行；自见者不明；自是者不彰；自伐者无功；自矜者不长。其在道也，曰：馀食赘形。物或恶之，故有道者不处。"②踮起脚来想一下站得很高，反而立不住；跨大步想一下走得很远，反而走不远；自己想突出自己，反而不能真实地表现自己；自己肯定自己的优点，反而不能使自己的优点昭示于人；自己夸耀自己有功，反而不被认为有功；自我拔高的人，反而不会长得高。与"道"合一的人一般说是这样的：人们所拘执的那些具体的优点、长处、功劳，都具有局限性，事后都像剩饭疣瘤。普通人尚厌恶之，行"道"者更不会

---

① 《道德经》第二十二章，史仲文主编：《中华经典藏书》，北京出版社1999年版，第2336页。
② 《道德经》第二十四章，史仲文主编：《中华经典藏书》，北京出版社1999年版，第2337页。

保留他。

"其政闷闷，其民淳淳；其政察察，其民缺缺。是以圣人方而不割，廉而不刿，直而不肆，光而不耀。"①统治者为政宽厚，百姓就淳朴；统治者为政苛刻、过分细究，百姓就狡黠与统治者斗法。统治者人为地做作，结果出发点与结果常常相反。好的出发点常隐藏着恶果，而没有有意追求好的结果倒可能产生好的结果。所以说，灾祸为幸福所倚赖，幸福中潜伏着灾祸。谁知道最终是祸还是福！没有一个固定不变的结局。正的换个角度看就是斜的，善的换个角度看就是恶的。世人沉迷于片面的拘泥已经很久了。所以，圣人以柔和融通的方式处世，方正而不让人别扭，有棱角而不伤人，直率而不放肆，有光泽而不耀眼。

"将欲取天下而为之，吾见其不得已。天下神器，不可为也，不可执也。为者败之，执者失之。是以圣人无为，故无败；无执，故无失。夫物或行或随；或嘘或吹；或强或羸；或载或隳。是以圣人去甚，去奢，去泰。"②谁想取得天下而改造之，我看他成不了功。天下最神圣的器物不可改造，不可执著使之固定在自己手里；有为者必败，执著使之固定在自己手里必失之。

①《道德经》第五十八章，史仲文主编：《中华经典藏书》，北京出版社1999年版，第2346页。
②《道德经》第二十九章，史仲文主编：《中华经典藏书》，北京出版社1999年版，第2338页。

所以圣人不在自然之外有为，故无败；不刻意执著什么，故无所丢失。事物多变，或在前行，或在后随，或轻嘘，或劲吹，或强盛，或衰弱，或被承载，或被遗弃。事物既然没有固定不变，圣人就要戒极端、戒张扬、戒过分，以免拘执于事物的某一形态。

（4）出自本性

"含德之厚，比于赤子。毒虫不螫，猛兽不据，攫鸟不搏。骨弱筋柔而握固。未知牝牡之合而朘作，精之至也。终日号而不嗄，和之至也。"①含"德"深厚的人，如同初生婴儿，骨软筋柔而不僵；小腿乱蹬，拳头牢握，非因毒虫螫、猛兽撕咬、猛禽搏击；小生殖器突然勃起，非因懂得男女交媾。这些都是自身生命力旺盛喷涌激发的突出表现。整日啼哭而嗓音不沙哑，这是自身生命力柔和性的突出表现。总之，小婴儿的种种举动都是出自内驱力，内驱力是最强大的力量。如何开发出这种内驱力？首先是顺应婴儿内驱力之本性。老子说："圣人常无心，以百姓心为心。善者吾善之，不善者吾亦善之，得善。信者吾信之，不信者吾亦信之，得信。"②圣人的精神没有自己个人的固定形态，而是根据百姓的心愿确定形态。与人为善的

---

① 《道德经》第五十五章，史仲文主编：《中华经典藏书》，北京出版社1999年版，第2345—2346页。
② 《道德经》第四十九章，史仲文主编：《中华经典藏书》，北京出版社1999年版，第2344页。

人我善待之，不与人为善的人我也善待之，因为善待他人就是
我的品德；讲信用者我对他讲信用，不讲信用者我也对他讲信
用，因为讲信用是我的品德。小婴儿生命力之强大就在于不为
什么，其所作所为皆根植于自身的秉性。对青少年学生的教育
培养，也隐含着这个道理。学生求知的生命力根基在哪儿？不
在优越的学习环境，而在于学生自身的秉性。著名的教育专家
杨福家教授认为：学生的头脑不是一个用来填充知识的容器，
而是一个待点燃的火种"，教师的职责就是帮助学生把这火种
点燃。牛津大学也有句妙语："导师对学生喷烟，直到点燃学
生心中的火苗。"每个人的火种是不一样的，需要靠同学的力
量、靠家长的力量、靠老师的力量一起把不同的火种点燃。复
旦大学物理系过去有个学生书读得马虎，玻璃却磨得很好，老
师就发挥他的长处，对他进行鼓励，并不因此限制他。这个学
生毕业后，参加了我国最高级的天文望远镜的磨制，他头脑里
的火种就这样被点燃了。人无全才，但人人有才，"学校的任
务就是发挥学生的天才"。①

　　法家变法能够使贫困落后的秦国迅速强大乃至统一中国，
应该说也是因为注重激发人求利致富的秉性，呼唤出了无穷的
能量。《管子》书中说："民予则喜，夺则怒，民情皆然。"②"夫

---

① 中国科学技术大学教务处编：《漫谈中外高等教育之差异》，《教学简报》第
22期，2003年8月1日。
② 《管子·国蓄第七十三》，史仲文主编：《中华经典藏书》，北京出版社1999
年版，第4541页。

凡人之情，见利莫能勿就，见害莫能勿避。其商人通贾，倍道兼行，夜以续日，千里而不远者，利在前也。渔人之入海，海深万仞，就彼逆流，乘危百里，宿夜不出者，利在水也。故利之所在，虽千仞之山，无所不上；深源之下，无所不入焉。"①管子认为，只要符合人的趋利避害之情，人没有什么险不可以冒。商鞅说："民之欲富贵也，共阖棺而后止，而富贵之门必出于兵，是故民闻战而相贺也，起居饮食所歌谣者，战也。"②战争虽然可怕，但是商鞅看到了人的内在秉性中有追求富贵的一面，而一旦与此秉性对接，人就不怕死。如同韩非所说："闻战，顿足徒裼，犯白刃，蹈炉炭，断死于前者皆是也。"③"山东之士被甲蒙胄以会战，秦人捐甲徒裼以趋敌，左挈人头，右挟生虏。夫秦卒与山东之卒，犹孟贲之与怯夫；以重力相压，犹乌获之与婴儿。"④

　　与法家不同，儒家孟子从另一个角度看到了人的秉性。

"孟子道性善，言必称尧、舜。"⑤"恻隐之心，人皆有之；

①《管子·禁藏第五十三》，史仲文主编：《中华经典藏书》，北京出版社1999年版，第4505页。

②《商君书·赏刑第十七》，史仲文主编：《中华经典藏书》，北京出版社1999年版，第4598页。

③《韩非子·初见秦第一》，史仲文主编：《中华经典藏书》，北京出版社1999年版，第4613页。

④《史记·张仪列传》，中华书局1959年版，第3293页。

⑤《孟子·滕文公上》，史仲文主编：《中华经典藏书》，北京出版社1999年版，第1131页。

羞恶之心，人皆有之；恭敬之心，人皆有之；是非之心，人皆有之。恻隐之心，仁也；羞恶之心，义也；恭敬之心，礼也；是非之心，智也。仁、义、礼、智，非由外铄我也，我固有之也，弗思耳矣！①这一秉性一旦激发出来，"居天下之广居，立天下之正位，行天下之大道；得志与民由之，不得志独行其道；富贵不能淫，贫贱不能移，威武不能屈：此之谓大丈夫。"②孟子的观点从另一个角度印证了法家人性蕴含能量无穷的观点。人的善性一旦被激发出来，无论何种威胁利诱都难以动摇。文天祥《正气歌》序："余囚北庭，坐一土室，室广八尺，深可四寻，单扉低小，白间短窄，污下而幽暗。当此夏日，诸气萃然：雨潦四集，浮动床几，时则为水气；涂泥半朝，蒸沤历澜，时则为土气；乍晴暴热，风道四塞，时则为日气；檐阴薪爨，助长炎虐，时则为火气；仓腐寄顿，陈陈逼人，时则为米气；骈肩杂遝，腥臊汗垢，时则为人气；或圊溷、或毁尸、或腐鼠，恶气杂出，时则为秽气。叠是数气，当之者鲜不为厉。而予以孱弱，俯仰其间，於兹二年矣，幸而无恙，是殆有养致然尔。然亦安知所养何哉？孟子曰：'吾善养吾浩然之气'。彼气有七，吾气有一，以一敌七，吾何患焉！况浩然者，乃天地之正气也，作《正气歌》一首。"文天祥被

---

① 《孟子·告子上》，史仲文主编：《中华经典藏书》，北京出版社1999年版，第1147页。

② 《孟子·滕文公下》，史仲文主编：《中华经典藏书》，北京出版社1999年版，第1134页。

押至刑场就义前问监斩官："哪边是南方？"有人给他指了方向，文天祥向南方跪拜后引颈就刑，从容就义。死后其妻在他的衣带中发现一首诗："孔曰成仁，孟曰取义，唯其义尽，所以仁至。读圣贤书，所学何事？而今而后，庶几无愧。"①文天祥生前备受折磨，生不如死，就义前从容不惧，这种出自善性的正义之气勃发而出，真如孟子所说："若决江河，沛然莫之能御也。"②

3.软实力 ——母和婴的立世之本

无论是母亲还是婴儿，都是柔弱者，缺乏硬实力。其发挥作用只能以软实力为主，用软实力激活周围的硬实力。软实力是存在的，但又不可以直接感知得到，故表现为"无"。以下这些可以理解为表现为"无"的软实力。

（1）表现为"无"的精神要素

"有"的精神要素能够直接用语言表达，"无"的精神要素不能直接表达，而是只可意会不可言传。老子的"道"隐含着这样两种只可意会不可言传的精神。

---

① 《文山先生文集》，《四部丛刊初编·集部》，书同文数字化技术有限公司光盘版1998年2月。
② 《孟子·尽心上》，史仲文主编：《中华经典藏书》，北京出版社1999年版，第1153页。

第一，文化场。

什么是文化场？迄今还没有一个确定的定义，但笔者以为不能下定义的东西并非不可以研究。历史上有很多事情都没有下出定义，但并不影响人类对它的研究和开发。比如"力"是什么，迄今还没有一个恰当的定义，可古希腊的阿基米德、中国春秋时代的墨家、近代英国的牛顿、当代的犹太科学家爱因斯坦，他们对力的研究和开发成就宏巨。今日，人类对力的研究和开发早已进入航天航空时代，有关力的学科级层划分得细而又细，研究机构多而又多。可是，什么是力，仍没有一个大家都满意的定义。没有定义怎么研究呢？没有定义就说不出它是什么。然而，说不出是什么并不等于不可以形容它、描绘它、叙述它是什么样子。比如，我看见一个大怪物，不知称其为何物。但是，我可以形容描绘之。这个怪物是猪嘴、驴脸、牛头、蛇身、狗尾、鸡爪，叫声如猫。对鸭嘴兽，人们一开始就是用这种方法认识和掌握的。人类就是在描绘力是什么样子的过程中研究和开发力的。现在的中学课本说："力是物体之间的相互作用。"笔者以为，这并没有说出力是什么，而是从宏观低速的角度描绘力是什么样子。老子的"道"是什么迄今也下不出定义，老子本人也说"道可道，非常道。名可名，非常名"，即"道"不可下定义，不可能确切说出是什么。但"道"是可以描绘的，老子的《道德经》各讲是从各个角度描绘"道"是什么样子的。

那么，文化场是什么样呢？现在也拿不出一个定义。所以，只能去描绘文化场是什么样子。《包公案》中头一个故事可以说是对文化场的描绘。一个叫萧淑玉的弱女子被恶僧明修奸杀，包公苦无证据，便暗中使人乔装女鬼和阎王的鬼差吓唬巡更的恶僧明修："（女鬼哭诉道）：'明修明修，你要来奸我，我不从罢了。阳数未终，你无杀我道理。无故杀我，又抢我钗珥。我已告过阎王，命二鬼使伴我来取命，你反念阿弥陀佛讲和。今宜讨财帛与我并打发鬼使，方与私休，不然再奏大曹，定来取命。念诸佛难保你命。'明修乃手执弥陀珠佛掌答道：'我一时欲火要奸你，见你不从又要喊叫，恐人来捉我，故一时误杀你。今钗钿戒珠尚在，明日买财帛并念经卷超度你，千万勿奏天曹。'女鬼又哭，二鬼又叫一番，更觉凄惨。僧又念经，再许明日超度。忽然，两个公差走出来，将其用铁链锁住。僧惊慌：'是鬼！'（公差）王忠道：'包公命我捉你，我非鬼也。'吓得僧如泥块，只说看佛面求赦。王忠道：'真好个谋人佛、强奸佛'。遂锁将去。（公差）李义收取禅担、蒲团等物同行。原来包公早命二公差雇一娼妇，在桥下做鬼声，吓出此情。"[1]包公这里智破恶僧奸杀弱女子案利用的是人们潜意识中普遍认同的阴阳界的划分，阎王小鬼对阳间的影响，以及死后超度之类的民俗化的文化。这些文化以无形的方式渗透到人

---

[1]《包公案·狄公案·一萧淑玉误吊遭非命，恶和尚思淫杀弱女》，华夏出版社1995年版，第1—2页。

们的日常生活中，使人们有了一定的共同的准则、价值尺度以及社会心理和群体情感。

学界对文化场的内涵和外延虽然尚不能加以确定，但这种群体潜意识中普遍存在的文化肯定被涵盖其中。孔子引述周公的话，周公谓鲁公曰："君子不施（弛）其亲，不使大臣怨乎不以。故旧无大故，则不弃也。无求备于一人。"①不松懈亲情关系，不忘却老一代功臣和旧友，为人不苛刻，总之人情味浓善解人意，这是血缘关系群体中人们共同的潜意识，文化场应当包括这些潜意识。人的潜意识埋藏的很深，其中积淀着人的信仰、情感、习惯、倾向，里面充满着人对这个世界的难以言说的感受。潜意识与意识有时是矛盾的。许多人在意识的层次可以接受新思想，但在潜意识层次，仍大量贮存着旧思想、旧文化、旧风俗、旧习惯。

老子的"道"中就隐含着文化场的内容。"大道废，有人（仁）义。智慧出，有大伪。六亲不和，有孝慈。国家昏乱，有忠臣。"②"大道废，有人（仁）义"之"仁义"、"六亲不和，有孝慈"之"孝慈"、"国家昏乱，有忠臣"之"忠臣"都是从有形文化层次上讲的。当道德文化场遭到了破坏，即"大道废"、"六亲不和"、"国家昏乱"、"上下交征

---

①《论语·微子》，史仲文主编：《中华经典藏书》，北京出版社1999年版，第1115页。

②《道德经》第十八章，史仲文主编：《中华经典藏书》，北京出版社1999年版，第2335页。

利"之后，人们才大讲特讲有形的道德文化，企图挽回道德崩溃的颓势。魏晋哲学家王弼说："夫敦朴之德不著，而名行之美显尚，则修其所尚而望其誉，修其所道而冀其利。望誉冀利以勤其行，名弥美而诚愈外，利弥重而心愈竞。父子兄弟，怀情失直，孝不任诚，慈不任实，盖显名行之所招也，患俗薄而名兴行，崇仁义，愈致斯伪，况术之贱此者乎！故绝仁弃义以复孝慈。"①"敦朴之德不著"，就是说立足于淳朴道德的文化场消失了；"名行之美显尚"，是说为了挽救道德，社会开始刻意表彰道德品行声望高尚者。社会的表彰往往伴随着利禄高报酬，于是"望誉冀利以勤其行，名弥美而诚愈外，利弥重而心愈竞"。人们多奔着高报酬来讲道德，表面上竞相讲道德，实质上是竞相求利。越讲道德，越是伪善（"崇仁义愈致斯伪"）。所以，王弼赞成老子的看法，"故绝仁弃义以复孝慈"。王弼的分析也印证了老子的"上德不德是以有德"，即高层次的道德不能有意识地奖励人们讲道德，那才能够保留住真正的道德。东汉时期统治者以利禄倡导道德。如杨震因被诸儒称为"关西孔子杨伯起"而被大将军邓骘擢为荆州刺史、东莱太守。②周燮"不读非圣之书"，洁身自好，汉安帝"举

---

① 楼宇烈：《王弼集校释》上册，中华书局1980年版，第199页。
② 《后汉书》卷54，岳麓书社1994年版，第751页。

孝廉、贤良方正，特征"，以重礼特来相聘。南阳地方官也派人前来致礼。徐稚，"家贫，常自耕稼，非其力不食。恭俭义让，所居服其德。屡辟公府（官府多次前来招聘），不起。时陈蕃为太守，以礼请署功曹（礼聘其为助手），稚不免之，既谒而退。蕃在郡不接宾客，唯稚来特设一榻，去则县之。后举有道，家拜太原太守（直接到他家拜为太原太守），皆不就"①。

以上当了道德君子就能够名利双收的例子在当时不胜枚举。一些统治者和官僚的本意可能是为了提倡道德，净化社会风气，然而一旦把道德与功名利禄相连接，就会出现大量冒牌的道德君子。这些讲道德者并非真追求道德，而是为了利禄，结果伪君子层出。例如赵宣，"民有赵宣葬亲而不闭埏隧（通向坟墓的墓道），因居其中，行服二十余年，乡邑称孝，州郡数礼请之。郡内以荐蕃，蕃与相见，问及妻子，而宣五子皆服中所生。（陈）蕃大怒曰：'……寝宿冢藏，而孕育其中，诳时惑众，诬污鬼神乎？'遂致其罪"②。赵宣玩弄道德形式，与周围人搞形式主义的竞争。别人为父母守制住在坟墓边上的草庐，他非要住在通向坟墓的地下墓道之中。通常人们守制三年，他非要守二十年。他企图用这样的惊世骇俗之举搞投机，猎取利禄。可是他却耐不住寂寞，在墓道中生了五个孩子。虚伪的孝行被戳穿，被郡太守陈蕃治罪。许武的道德投机更加曲

①《后汉书》卷53，岳麓书社1994年版，第747页。
②《后汉书》卷66，岳麓书社1994年版，第925页。

折。"（许荆）祖父武，太守第五伦举为孝廉。武以二弟（许）晏、（许）普未显，欲令成名，乃请之曰：'礼有分异之义，家有别居之道。'于是共割财产以为三分，武自取肥田广宅奴婢强者，二弟所得并悉劣少。乡人皆称弟克让而鄙武贪婪，晏等以此并得选举。武乃会宗亲，泣曰：'吾为兄不肖，盗声窃位，二弟年长，未豫荣禄，所以求得分财，自取大讥。今理产所增，三倍于前，悉以推二弟，一无所留。'于是郡中翕然，远近称之。"①许武的投机方式比较特别。他绕了个大圈子，先是贬损自己，为两个兄弟搞道德投机做托，使两个兄弟得以显达。然后再向乡亲们道出苦衷，让人们为他的悲情所感动，从而猎获更大的名声。"黄允字子艾，济阴人也。以俊才知名。林宗见而谓曰：'卿有绝人之才，足成伟器。然恐守道不笃，将失之矣。'后司徒袁隗欲为从女求姻，见允而叹曰：'得婿如是足矣。'允闻而黜遣其妻夏侯氏。妇谓姑曰：'今当见弃，方与黄氏长辞，乞一会亲属，以展离诀之情。'于是大集宾客三百余人，妇中坐，攘袂数允隐匿秽恶十五事，言毕，登车而去。允以此废于时。"②黄允的道德君子形象是装的。他本来可以继续装下去，但由于攀司徒袁隗所能够得到的好处太大，他实在难以抵制巨大的诱惑，才做出抛弃糟糠之妻的无耻之事。这激起妻子夏侯氏的愤怒，当着众亲友的面揭他的老底，闹他个鱼

①《后汉书》卷76，岳麓书社1994年版，第1067页。
②《后汉书》卷68，岳麓书社1994年版，第959页。

死网破。"汉中晋文经、梁国黄子艾，并恃其才智，炫曜上京，卧托养疾，无所通接。洛中士大夫好事者，承其声名，坐门问疾，犹不得见。三公所辟召者，辄以询访之，随所臧否，以为与夺。融察其非真，乃到太学，并见李膺曰：'二子行业无闻，以豪桀自置，遂使公卿问疾，王臣坐门。融恐其小道破义，空誉违实，特宜察焉。'膺然之。二人自是名论渐衰，宾徒稍省，旬日之间，惭叹逃去。后果为轻薄子，并以罪废弃。"①晋文经、黄子艾自恃才智超人，赴京城一路自我炒作。又假作清高，托病不见崇拜他们的粉丝。可对位高权重的三公的召见却积极造访。后逐渐被人识破，追逐者渐少。他们投机失败，随即公开堕落。

由于讲求道德能够带来实惠，人们都把其当做营利的途径，结果出现了葛洪在《抱朴子·审举》中所说的："举秀才，不知书；察孝廉，父别居；寒素清白浊如泥，高第良将怯如鸡。"②司马光更是一针见血地揭露东汉的伪君子们："饰伪以邀誉，钓奇以惊俗，不食君禄而争屠沽之利，不受小官而规卿相之位"③以上史实印证了老子的说法："上德不德，是以有德。下德不失德，是以无德。"④这是说高层次的道德不用有

① 《后汉书》卷68，岳麓书社1994年版，第960页。

② 《抱朴子外篇·审举》，《四部丛刊初编·子部》，书同文数字化技术有限公司光盘版1998年2月。

③ 《资治通鉴》卷51，《四部丛刊初编·史部》，书同文数字化技术有限公司光盘版，1998年2月。

④ 《道德经》第三十八章，史仲文主编：《中华经典藏书》，北京出版社1999年版，第2341页。

意提倡道德，这才是真正的有道德。相反，低层次的道德总是对道德加以刻意的提倡，那不是真有道德，其实是"无德"。有人认为老子反对道德，根据是《道德经》第十八讲："大道废，有仁义。"①第十九讲："绝仁弃义，民复孝慈。"②笔者则以为，从文化场的角度来看，老子并不反对道德，只是想要真正的道德。"大道废，有仁义。""大道"就是文化场。文化场被破坏了，能够有真正的仁义吗？只能是假的。所以老子又说"绝仁弃义，民复孝慈"。"绝圣弃智，民利百倍"、"绝仁弃义"，是说应该取消有形道德，唯有取消有形道德，才能真正回归无形道德。老子还说"见素抱朴，少私寡欲"，即内外朴素，绝少私欲，这种道德是文化场层次的无形道德。

前已说过，夏商周所在的中心地带——河南影响四周所使用的软实力，其中相当的成分就可以理解为文化场。这个文化场就是当时社会各个氏族部落、各个诸侯国的集体的潜意识——血统世系。各氏族部落、各诸侯国都在黄帝的大网络中，天子乃是这个网络的中枢。例如，被中原贱视为戎夷的秦楚，也被认可为网络中的余绪。《史记》载："秦之先，帝颛顼之苗裔孙曰女脩。女脩织，玄鸟陨卵，女脩吞之，生子大业。大业取少典之子，曰女华。女华生大费，与禹平水土。已成，帝

① 《道德经》第十八章，史仲文主编：《中华经典藏书》，北京出版社1999年版，第2335页。
② 《道德经》第十九章，史仲文主编：《中华经典藏书》，北京出版社1999年版，第2335页。

锡玄圭。禹受曰：'非予能成，亦大费为辅。'帝舜曰：'咨尔费，赞禹功，其赐尔皂游。尔后嗣将大出。'乃妻之姚姓之玉女。大费拜受，佐舜调驯鸟兽，鸟兽多驯服，是为柏翳。舜赐姓赢氏。"①颛顼、舜、禹都是黄帝的苗裔，秦的血脉出自黄帝的颛顼，秦的祖先接受了舜的赐姓，又辅助过大禹治水。所以，很长时间以来在秦人的潜意识中，维护天子，为天子当差理所应当。

"楚之先祖出自帝颛顼高阳。高阳者，黄帝之孙，昌意之子也。高阳生称，称生卷讲，卷讲生重黎。重黎为帝喾高辛居火正，甚有功，能光融天下，帝喾命曰祝融。共工氏作乱，帝喾使重黎诛之而不尽。帝乃以庚寅日诛重黎，而以其弟吴回为重黎后，复居火正，为祝融。吴回生陆终。陆终生子六人，坼剖而产焉。其长一曰昆吾；二曰参胡；三曰彭祖；四曰会人；五曰曹姓；六曰季连，芈姓，楚其后也。"②楚国也属于黄帝的苗裔。其先祖出自颛顼，后又参与了黄帝后裔的许多事业。所以，楚人的潜意识中也以中原为正统。

被中原普遍疏远的秦楚两国人内心尚且固存中原正统的潜意识，更何况其他诸侯国。

总之，上述集体的潜意识所构成的文化场，成为天子高踞于天下的软实力之一。

① 《史记·秦本纪》，中华书局 1959 年版，第 173 页。
② 《史记·楚世家》，中华书局 1959 年版，第 1689 页。

第二，软知识。

软知识也是一种重要的精神层次的软实力。什么是软知识？笔者把"通过学习得来、通过交流得来"、"可以从书本上学到知识，也可以从别人那里学到知识"称为有形知识，或曰硬知识；把"通过自身体验领悟知识"、"使人无法通过继承人类有史以来积累的知识而达到完善的程度"、"可意会而不可言传"的知识称为无形知识，或曰软知识。软知识是已经内化为主体的创造性的知识。硬知识只有和软知识相结合才能被激活，许多人的硬知识没有被激活，处于休眠状态。书呆子硬知识不可谓少，但其呆就呆在缺乏软知识，只会背书，不会创造。老子的"道"可以说也是软知识。老子说："道可道，非常道。名可名，非常名。"[①]"道"不可用语言表达，软知识也不可用语言表达。老子说："为学日益，为道日损，损之又损之，以至于无为。"[②]"为学日益"是说学习硬知识越学越多。"为道日损"是说领悟软知识必须减少对硬知识的固执。"不出户，知天下；不窥牖，见天道。其出弥远，其知弥近。是以圣人不行而知，不见而名，不为而成。"[③]爱因斯坦说："什么叫素质？当我们把在学校里学到的东西全部忘掉之后，所剩下

① 《道德经》第一章，史仲文主编：《中华经典藏书》，北京出版社1999年版，第2331页。

② 《道德经》第四十八章，史仲文主编：《中华经典藏书》，北京出版社1999年版，第2344页。

③ 《道德经》第四十七章，史仲文主编：《中华经典藏书》，北京出版社1999年版，第2343页。

来的才是素质。"①物理学家冯·劳厄说过："重要的不是获得知识，而是发展思维能力，教育无非是已学过的东西都遗忘掉的时候所剩下来的东西。"②

佛教吉州青原惟信禅师对山水的视角也隐含着软知识。他说："老僧三十年前未参禅时，见山是山，见水是水；及至后来亲见知识，有个入处，见山不是山，见水不是水；而今得个休歇处，依然见山只是山，见水只是水。"③青原惟信禅师这里列出了人生的三重境界：第一重，"见山是山，见水是水"，此乃涉世之初，观察能力浅薄，只见表象之山水。这相当于获取硬知识。第二重，"见山不是山，见水不是水"，这是积累了厚实的人生阅历，深入到事物内部，超越了硬知识层次的山水，感觉原来的山水只是虚幻的山水。这时开始向软知识层次的山水进发。"及至后来亲见知识，有个入处"。"亲见知识"是指在实践中体会到软知识；"有个入处"是指开始知道从软知识的角度看山水。所谓"为学日益，为道日损"就是超越硬知识，追求软知识。第三重，"而今得个休歇处，依然见山只是山，见水只是水"。"而今得个休歇处"是说今日终于得到正确看待山水的视角。这个视角就是在许多接触山水的阅历的基础上，软硬知识相结合，从深层的角度理性地把握

---

① 顾之川：《基础教育课程改革与中学语文教学》，人民教育出版社，见 http: //www.pep.com.cn2002—11—24。

② 徐怀谦：《教育者应怎样被教育？》，《教师报》2003年9月10日。

③ 《五灯会元卷十七》，《四库全书·子部》，上海人民出版社光碟检索版1999年11月。

现象的山水，领会了眼前这个具体的山水之美属于哪一种类型的美，这种美与其他山水相比，其长短优劣是什么。达到这个认识水平，也就能够认识一切山水，也就是说"无为而无不为"。

软知识使人看问题深刻、长远，准确预估结果，为行动方向提出最佳选择。能以尽可能小的代价获取尽可能大的成果，特别是能够让弱者寻觅出很大的生存空间。

周定王时，天子早已衰微成弱者，天子的卿士单襄公更是弱者，但是单襄公的软知识非常丰富，善于由近知远，由显知微，由往知来。

例如，公元前574年，鲁成公跟晋、齐、宋、卫、曹、邾等国在柯陵结盟。在盟会上，单襄公看到晋厉公的步态和晋重臣三郤的言谈，便心有所感。晋厉公"视远步高（走路时眼睛望远不望近，脚步也抬得高高的，大有心不在焉的样子）。晋郤锜见，其语犯（说话很冲）。郤犨见，其语迂（说话总是绕弯子）。郤至见，其语伐（自吹自擂）。齐国佐见，其语尽（齐国的大臣国佐说话时毫无忌讳）"[①]。单襄公由此直觉到晋国要出大乱子，后来晋国果然大乱。丰富的软知识使单襄公能够正确地预测出晋国未来要发生的事情，提前做好免祸的准备。

单襄公把目光放在晋孙谈之子公子周（晋厉公被杀后继立

---

① 《国语·周语下·单襄公论晋将有乱》，史仲文主编：《中华经典藏书》，北京出版社1999年版，第6801页。

的晋悼公）身上。"晋孙谈之子周适周，事单襄公（公子周来到周室，侍奉单襄公），立无跛，视无还，听无耸，言无远（站不歪身，目不斜视，听不侧耳，言不高声）；言敬必及天（谈到敬必定连及上天），言忠必及意（谈到忠必定连及心意），言信必及身（谈到信必定连及自身），言仁必及人（谈到仁必定连及他人），言义必及利（谈到义必定连及利益），言智必及事（谈到智必定连及处事），言勇必及制（谈到勇必定连及制约），言教必及辩（谈到教必定连及明辨），言孝必及神（谈到孝必定连及神灵），言惠必及和（谈到惠必定连及和睦），言让必及敌（谈到让必定连及同僚）；晋国有忧未尝不戚，有庆未尝不怡（晋国有忧患他总是为之悲戚，有喜庆他总是为之高兴）。"①单襄公从公子周的言谈举止中察觉到他是未来值得依托的人，所以临终前嘱咐他的儿子公子周可以依托。

"（单）襄公有疾，召顷公而告之，曰：'必善晋周，将得晋国。其行也文，能文则得天地，天地所胙，小而后国（他的品行可称得上"文"，具有文德就会得到天地的保佑。有了天地的赐福，至少可成为国君）。夫敬，文之恭也（敬，是恭谦的美德）；忠，文之实也（忠，是诚实的美德）；信，文之孚也（信是信用的美德）；仁，文之爱也（仁，是慈爱的美德）；义，文之制也（义，是节制的美德）；智，文之舆也（智，是

---

① 《国语·周语下·单襄公论晋周》，史仲文主编：《中华经典藏书》，北京出版社1999年版，第6802页。

德行的寄托）；勇，文之帅也（勇，是德行的表率）；教，文
之施也（教，是德行的教化）；孝，文之本也（孝，是德行的
源泉）；惠，文之慈也（惠，是德行的恩惠）；让，文之材也
（让，是德行的运用）。象天能敬（效法上天才能敬），帅意
能忠（遵循心意才能忠），思身能信（反躬自省才能信），爱
人能仁（爱护他人才能仁），利制能义（处处利人才能义）；
事建能智（善于处事才能智），帅义能勇（循义而行才能
勇），施辩能教（明辨事非才能教），昭神能孝（尊奉神灵才
能孝），慈和能惠（慈爱和睦才能惠），推敌能让（谦待同僚
才能让）。此十一者，夫子皆有焉（这十一个方面的优点，公
子周都具备了）。'"①仅仅凭以上所列举的"文"德，单襄公
直觉到公子周将掌握晋国。

　　周襄王二十四年，秦国军队准备袭击郑国。"（秦师）过
周北门。左右皆免胄而下拜，超乘者三百乘（每辆兵车上的
左右卫都只是摘下头盔向王宫礼拜，算是向周天子表示敬意。
但刚一下车又一跃而登车前进的有三百辆兵车的左右卫）。王
孙满观之，言于王曰：'秦师必有谪（祸）。'王曰：'何
故？'对曰：'师轻而骄（秦国军队举动轻狂而骄横），轻则
寡谋（轻狂无礼就缺少谋略），骄则无礼（骄横就不注意礼
节）。无礼则脱，寡谋自陷（不注意礼节就会随随便便，缺少

① 《国语·周语下·单襄公论晋周》，史仲文主编：《中华经典藏书》，北京出版社1999年版，第6802页。

谋略会使自己陷入困境）。入险而脱，能无败乎（进入险要之地还在随随便便，漫不经心，能够不失败吗）？秦师无谪，是道废也（秦国军队不遭到灾祸，就是废除常理）。'是行也，秦师还，晋人败诸崤，获其三帅（白乙）丙、（西乙）术、（孟明）视（这次偷袭郑国的行动劳而无功，秦国军队回国途中，在崤山遭到晋国伏兵袭击，秦军的三个主帅白乙丙、西乞术、孟明视被俘）。"①仅仅凭秦军在周天子面前的无礼表现，王孙满就直觉到秦军偷袭郑国之行必遭败绩。

直觉能力有助于提前预测和合理决策，特别是当权者，国家的兴衰往往与其直觉能力的强弱相关联。直觉能力的形成，有赖于软知识的积累，所以软知识无疑属于软实力。

（2）"无"的制度

"无"的制度即无形的制度，其实就是有形的刚性的制度背后的无形的机制。机制是什么很难说清，和文化场一样，只能形容描绘之。《道德经》里的一些段落可以被视为对机制的描绘。

其一，关于对人的自觉性的激发。

"太上，不知有之；其次，亲而誉之；其次，畏之；其次，侮之。信不足焉，有不信焉。悠兮其贵言。功成事遂，百

---

① 《国语·周语下·单襄公论晋周》，史仲文主编：《中华经典藏书》，北京出版社1999年版，第6796页。

姓皆谓：'我自然'。"①领导者中最上等者是让百姓不知道他的存在，在无形中做成事；其次是日夜操劳，仁民爱物，广施恩惠，受到百姓的亲爱和交口赞誉；再次是严厉不苟，铁面无私，令人生畏；最后是昏庸、无能、缺德乏功，令百姓鄙视。统治者信用不足，才使民众不信任他。其中，老子最注重的是"太上"，这样的统治者治国悠闲、不多费口舌，其功业的完成是百姓做的。百姓没有受到统治者具体的指教和领导，是一种无形要素激活了他们的自觉性，使他们感觉到自己本该如此做。机制可以理解为这种激活百姓自觉性的、使他们感觉到自己本该如此做的那种无形的东西。

"善行无辙迹，善言无瑕谪；善数不用筹策；善闭无关楗而不可开，善结无绳约而不可解。是以圣人常善救人，故无弃人；常善救物，故无弃物。是谓袭明。故善人者，不善人之师；不善人者，善人之资。不贵其师，不爱其资，虽智大迷，是谓要妙。"②这里描绘的还是机制。"道"在圣人所从事的事业中作用最大，但"道"的作用却是在无形中发挥的。老子将此无形中发挥的作用具形化为善于驭车者无轮迹，善于说话者滴水不漏，善于计算者不用算具，善于锁闭大门者不用门闩别人也打不开，善于捆缚者不用绳索不打绳扣别人也解不开。圣

---

① 《道德经》第十七章，史仲文主编：《中华经典藏书》，北京出版社1999年版，第2335页。

② 《道德经》第二十七章，史仲文主编：《中华经典藏书》，北京出版社1999年版，第2337页。

人一贯善于用无形的机制救人。如何使用无形的机制？使人和物得其用、尽其才，使天下无废弃之人，无废弃之物。这才叫做长久的明智。例如，与人为善者是更正不与人善者的老师，不与人善者是与人为善者实现为师价值的手段。与人为善者通过改造不与人善者，使之成为好人；不与人善者向好人的转变，体现了与人为善者的善良。与人为善者和与人不善者双方互相成就，缺一不可。"道"就隐藏在两者互补的关系中。若忽视其中的任何一个，再聪明者也是糊涂。"道"的奥妙就在此。

其二，将局部纳入整体。

局部不能脱离整体。有缺陷的个体可以组合出完美的整体。"昔之得一者：天得一以清，地得一以宁，神得一以灵，谷得一以盈，万物得一以生，侯王得一以为天下正。"①"一"就是整体。以往已得"一"者情况如下：各种天象 ——日月星辰、风雨雷霆、春夏秋冬形成为一个有序列的整体，人类就可以清楚明了地掌握；大地万象 ——山河草木、都市原野、兽禽虫虱、多国异族形成为一个有序列的整体，大家就都过上宁静的生活；种类繁多的占卜活动不相互矛盾冲突，能够共同启发人们应对眼前困境，就会使人感到灵妙；深谷中的草木、水流、昆虫、动物形成一个相互依赖循环的整体，就会是一派繁荣景象；万物各得其位各得其养，互相促进共存共荣就能够生

①《道德经》第三十九章，史仲文主编：《中华经典藏书》，北京出版社1999年版，第2341页。

机盎然；统治者能够统筹处理好社会的政治、经济、文化、内政、外交和各个家族、民族、地域的关系，使之和谐共处，天下就得以安定。总之，"一"这个整体性是每一个局部事物的激活者，能够激发万物的潜能，为万物提供运行的轨道。

"道生一，一生二，二生三，三生万物。万物负阴而抱阳，冲气以为和。"①"道"是整体性的机制。"道生一"就是"道"激活了事物的一个方面；"一生二"就是被"道"激活的一个方面又激活了自己的对立面；"二生三"就是被激活的对立面两者激活了双方共居的统一体；"三生万物"就是活生生的对立面统一体激活纷繁复杂的万物。总之，"道"是一种使任何局部、分支充满生机的整体机制。

其三，给与空间。

"三十辐共一毂，当其无，有车之用。埏埴以为器，当其无，有器之用。凿户牖以为室，当其无，有室之用。故有之以为利，无之以为用。"②"毂"、"器"、"室"等都相当于有形的固定的制度。如果把制度当作僵化的教条，没有一点弹性，就不能很好地发挥作用。"无"就是弹性。例如，在企业管理中可以实行弹性的福利制度。以下有两个案例说明了这一点：

案例一：某公司的高层领导为感谢广大员工一年来的辛勤

————————
① 《道德经》第四十二章，史仲文主编：《中华经典藏书》，北京出版社1999年版，第2342页。
② 《道德经》第十一章，史仲文主编：《中华经典藏书》，北京出版社1999年版，第233页。

工作，特地准备了一项福利：为每一位员工准备一个公文包。公司高层本以为广大员工会喜欢这一份礼物，没想到却收到了很多抱怨，有的高层经理说："我平时上班根本用不着公文包，发一个只好留在家里。"尤其是广大女性员工更加反对，她们反对都用一样的包。"那样太没个性了"，王女士说，"如果能给我一个热水器就好了，我正需要。"公司发放福利的本意是为了更好地提高员工的士气，激励员工更加努力工作。然而福利发放不当，却起了相反的作用，伤害了员工的感情。福利只有针对员工需要才能起到激励员工的作用。因此，如果公司能够让员工自由地选择他们所需要的物品，其效果将是显著的。这种福利形式，正如自助餐一样，可以让员工自由挑选所喜欢的物品。

案例二：方正电子给员工的薪水并不算多。但是仍有许多优秀人才选择了方正，同时人才的流失率也比较低。这在很大程度上归功于方正为员工提供的良好福利保障。据了解，方正为自己的员工提供了不短的带薪休假，良好的素质培训等项目。

撇开国家硬性规定的"五险一金"以外，企业自己制定的个性化的非现金福利（即"软福利"），比如内部培训、聚餐、休假旅游、员工娱乐比赛、亲子家庭活动等，如果开展得当，会起到缓解职业压力，提高员工工作效率，优化企业形象，降低员工流失率等作用。

弹性福利制度强调让员工依照自己的需求从企业所提供的

福利项目中来选择组合属于自己的一套福利"套餐"，使每一个员工都有自己"专属的"福利组合。一般来说，企业既可以让员工从企业所提供的一份列有各种福利项目的"菜单"中自由选择其所需要的福利，也可以给员工一定数额的购物自主权，然后予以报销。① 有形的福利要素就是这些，只是重新组合一下，使得每一个人有张显个性的空间，这一合理组合就是一种软实力。

总之，器物中的空间越大，盛物越多。制度的弹性越大，留给人的自由度越大，人的工作积极性主动性越有更大的发挥，这种制度对工作的推动力也就越大。

其四，存活万物。

存活万物就是给宇宙中每一物生存的出路。"圣人常善救人，故无弃人；常善救物，故无弃物。"② 圣人治国安邦要让每一人、每一物都得其用，不被宇宙抛弃。当然，这首先要看到每一人和物的存在价值，即每一人和物对周围其他物的用途。我国清朝有个很会用人的将领叫杨时斋，他认为"军营中无人不可用"。"即如聋者，宜给左右使唤"；"哑者，宜令送递密信"；"跛者，宜令守放炮座"；"瞽者，宜令伏地听远"。避短扬长，各得其所。③

---

① 《如何设计弹性福利激励制度》，大连高新人才网入库，2008年10月20日。

② 《道德经》第二十七章，史仲文主编：《中华经典藏书》，北京出版社1999年版，第2337页。

③ 王鹏：《用人之道》，陕西人民出版社1987年版，第155页。

总之，世间无不可用之人。另拿农民饲养的牛羊猪、鸡鸭鹅来说，它们身上无一物没用。例如，牛粪。"在一般人眼中，牛粪又脏又臭，非但没有价值，还污染环境。可是，四川成都双流县的杨克勤利用常年存栏的 600 余头西门塔尔杂交肉牛排出的近 2000 吨牛粪种蘑菇、养蚯蚓（蚯蚓是喂鱼喂鹅的好饲料）。每年可产蚯蚓 2 吨，收入可达 8 万元左右。一亩田 3 吨牛粪可产蘑菇 3000 斤，每亩收入可达 8000 元。牛尿进入沼气池，经过沼气池发酵处理后的沼液又用来种草养牛。使堆积成山的牛粪变废为宝生出了'金'，更重要的是为养牛企业探索出了一条发展种养结合农业循环经济和养殖污染环境治理的新路子。"①总之，在杨克勤这位圣人手里，牛粪活了，成了有生命力的宝贝。总之，大"道"无物不存，无物不活。

（3）"无"的客观事物要素

　　一是渗透到物质背后的文化。

　　"道，可道，非常道；名，可名，非常名。无名，天地始；有名，万物母。常无，欲观其妙；常有，欲观其徼。此两者同出而异名，同谓之玄，玄之又玄，众妙之门。"②对于"道"的这些描述表明，从形表来看，"道"玄妙而不确定。所

---

①《牛粪堆里淘出的金》，北京现代农业信息网，2008 年 11 月 29 日。

②《道德经》第一章，史仲文主编：《中华经典藏书》，北京出版社 1999 年版，第 2331 页。

以"道"不能在物的形表中看到，只能在物的背后透视。

"五色令人目盲；五音令人耳聋；五味令人口爽；驰骋田猎，令人心发狂；难得之货，令人行妨。是以圣人为腹不为目。故去彼取此。"①"五色"、"五音"、"五味"代表物质的表象。人不能被表象迷惑，而要洞察到有形表象背后的无形要素。无形的要素是无声无味的，比不上美妙的音乐和美味的食品，"乐与饵，过客止。道出言，淡无味，视不足见，听不足闻，用不可既。"②"用不可既"是说用之不竭。也就是说，真正生机勃勃并能够长久存在的耳目所感觉到的背后的东西。"为腹不为目"就是以神遇而不以目遇。目遇物质之表，神遇物质之里。庄子讲"庖丁解牛"的故事也说明此。"始臣之解牛之时，所见无非全牛者。三年之后，未尝见全牛也。方今之时，臣以神遇而不以目视，官知止而神欲行。"③如一般人观察人的美丽只是看相貌体形等物质层次，殊不知真正的美丽是隐藏在有形背后的无形，是文化。"欧洲影坛上的女影星中，索菲亚·罗兰的生命力似乎最为长久，她是意大利乃至世界影坛上的常青树。在2000年英国一家媒体进行的评选当中，已经66岁的她当选为20世纪'最性感的女明星'"。"在1999年11月11

①《道德经》第十二章，史仲文主编：《中华经典藏书》，北京出版社1999年版，第2334页。

②《道德经》第三十五章，史仲文主编：《中华经典藏书》，北京出版社1999年版，第2339—2340页。

③《庄子·养生主第三》，史仲文主编：《中华经典藏书》，北京出版社1999年版，第2363页。

日，一家有名的时装公司评选20世纪'最美丽的10个女人'，也就是'千禧美女'，索菲亚·罗兰竟然名列第一名。这种评选从一个侧面说明了索菲亚·罗兰至今魅力不减，在观众心目中的崇高地位。"①一个已经六七十岁的老太婆竟然多次被评选为世界第一大美女。凭什么？凭的就是无穷的魅力，而魅力来自文化。所以我们要特别关注物质背后渗透的文化。孔子感叹："觚不觚，觚哉！觚哉！"②"觚"，酒杯也。孔子感叹的是，这不像个酒杯了。这还是酒杯吗！这还是酒杯吗！为什么？原来的酒杯累积着很厚的文化含金量。当时社会动荡，人心浮躁，缺乏文化品位，所制作的酒杯没有文化含金量了。衣服是物质，"衣服在躬，而不知其名为罔"③。衣服穿在身上而不知道他的名称及背后的含义，这是迷惘。《荀子·宥坐》记载："孔子观于鲁桓公之庙，有欹器焉，孔子问于守庙者曰：'此为何器？'守庙者曰：'此盖为宥坐之器，'孔子曰：'吾闻宥坐之器者，虚则欹，中则正，满则覆。'孔子顾谓弟子曰：'注水焉。'弟子挹水而注之。中而正，满而覆，虚而欹，孔子喟然而叹曰：'吁！恶有满而不覆者哉！'"④欹器本源于古人汲

①《索菲亚·罗兰：欧洲影坛常青树》，网易文化，2003年10月14日。

②《论语·雍也》，史仲文主编：《中华经典藏书》，北京出版社1999年版，第1097页。

③《礼记·少仪》，史仲文主编：《中华经典藏书》，北京出版社1999年版，第454页。

④《荀子·宥坐》，史仲文主编：《中华经典藏书》，北京出版社1999年版，第1307页。

水的器皿，后经形变，成为比喻人生哲理的精神器物。此器物空则歪倒，水满则倾覆，唯盛一半水方可正立。儒家认为，此物放在座位右边可以警示君王：腹中空无知识会走邪路；自以为腹中知识盈满骄傲自大，会导致失败；腹中有许多知识但总觉得不够，才能不偏离正道。可见，荀子记载的那个敧器，是一种文化含金量很高的物体。《礼记·礼器》一文，特别强调通过器物体现精神。如："礼也者，反本修古，不忘其初者也。……醴酒之用，玄酒之尚；割刀之用，鸾刀之贵；莞簟之安，而稾鞂之设。"① 礼中包含继承先辈不忘本的思想。体现在器物上：祭祀用浓酒时，高处摆着淡酒，因为浓酒的根是淡酒；使用快刀时，高处挂着钝刀，因为快刀的根是钝刀；使用柔细的席子时，高处放着粗硬的席子，因为柔细席子的根是粗硬的席子。

不仅人工器物中有文化含金量，自然界也可被观察他的人注入精神。《中庸》载："天地之道，可壹言而尽也。其为物不贰，则其生物不测。天地之道，博也、厚也、高也、明也、悠也、久也。今夫天，斯昭昭之多。及其无穷也，日月星辰系焉，万物覆焉。今夫地，一撮土之多。及其广厚，载华岳而不重，振河海而不泄，万物载焉。今夫山，一卷石之多。及其广大，草木生之，禽兽居之，宝藏兴焉。今夫水，一勺之多。及

---

① 《礼记·礼器》，史仲文主编：《中华经典藏书》，北京出版社 1999 年版，第427页。

其不测，鼋鼍鲛龙鱼鳖生焉，货财殖焉。"[①]天之广大，可悬系日月星辰，覆盖万物；地之深厚，可承载高山大河；山之虚廓，可藏纳草木禽兽；江河之深长，可潜藏鱼鳖珍宝。故天地的法则是自身精诚，专一不贰，生物不测，同时广博、深厚、高大、光明、悠远、长久。

笔者曾在温州参观一个企业的食堂，进去时十一点三十分，过一会儿工人就要来打饭了。笔者看见厨师正在把一锅炒小鱼一条条地码放在大案子上，构成一幅非常漂亮的花纹图案。图案上还点缀了几个萝卜花，令人赏心悦目。其他炒好的蔬菜也摆放得非常漂亮。整个厨房给人的感觉是工艺美术展览馆，连同餐具的摆放都是那样的井然有序。老板向我解释道，这些物质的摆放是要传达一个信息——细心细心再细心。他说，我们的企业产品没有什么科技含金量，产品质量的提高全都靠细心。员工稍微细心，质量就大大提高；稍微粗心，质量就大大降低。在工厂，我要从各个方面辐射出细心文化。厨房中饭菜的摆放就是一个重要的辐射源。我要让工人在打饭时这几分钟，也受到饭菜及器皿等物质辐射出的细心文化。

当然，老子讲"道"时不会意识到上述那些丰富的内容。但他提出的以神遇超有形之物的思维方式，可以帮助后人推出这些丰富的内容。

---

① 《中庸》，史仲文主编：《中华经典藏书》，北京出版社1999年版，第506页。

二是量变。

量变因其细小、纤柔、无形而容易被忽略，但它也可被视为软实力。老子说："其安易持，其未兆易谋，其脆易破，其微易散。为之于未有，治之于未乱。合抱之木，生于毫末；九层之台，起于累土；千里之行，始于足下。"[1]治理社会的统治者应注意：局面尚平静时容易把握，事变尚未显露时容易谋划。尚脆弱的东西容易分解之，尚微小的反叛容易驱散。要在不安定的因素没有发生时提前预防，要在动乱还没有出现时主动采用治理措施。想创大业的人应该注意：参天大树，从幼芽长起；九层高台从一小簸箕土堆起；千里征程从脚下第一步迈起。老子说："为无为，事无事，味无味。大小多少，以德报怨。图难于易，为大于细。天下难事，必作于易；天下大事，必作于细。"[2]为从不明显的为开始，事从不明显的事开始，味从尝不出的味开始。大起于小，多起于少，恩德起于怨恨。解决天下难题要从容易处入手，做天下大事要从细微处入手。天下难做的事必起于容易之事，天下大事必起于细微之事。

细微之事无处不在，虽然单个细微之事作用不明显，但细流会成为江海。在经济运行中，从来就不需要什么英雄。运营良好的企业历来主张从神经末稍看管理，从精细的管理中获得

[1]《道德经》第六十四章，史仲文主编：《中华经典藏书》，北京出版社1999年版，第2348页。
[2]《道德经》第六十三章，史仲文主编：《中华经典藏书》，北京出版社1999年版，第2348页。

利润，尤其是在市场发展比较充分、利润空间逐渐缩小的情况下，更是如此。企业要获得利润，主要依靠精益求精的细节管理，只有"举轻若重"，做好每一个细节，方能达到"举重若轻"的境界。德鲁克在《卓有成效的管理者》一书中说："管理好的企业，总是单调无味，没有任何激动人心的事件。那是因为凡是可能发生的危机早已被预见，并已将它们转化为例行作业了。"张瑞敏借用这句话来阐述海尔 OEC 模式的核心思想。他说，没有激动人心的事发生，就说明企业运行过程中时时处于正常，而这只有通过每天、每个瞬间的严格控制才可能做到。

现在沃尔玛公司的高层经理，每个星期都要拿出两三天的时间去巡视分店，解决具体问题。沃尔玛及其职工就在这样平凡的努力中，成就了商业帝国。总之，沃尔玛商业帝国没有恢弘的战略，没有迭宕起伏的传奇，却有着一个不甘平凡的人具有的旺盛的创业精神，做简单的事，进货卖货，始终如一。[①]还有一种小事虽然小而不起眼，但关键时刻起重大作用，所以老子说"见小曰明"[②]。能够洞察到这个不显眼的、然而起着十分关键作用的微小之物，才是真正的聪明。

西方流传着这样一首民谣：少了一个铁钉，丢了一只马掌；少了一只马掌，丢了一匹战马；少了一匹战马，丢了一位统帅；少了一位统帅，败了一场战争；败了一场战争，丢了一

---

① 汪中求：《企业中层领导如何抓细节》，《商业文化》2006年第18期。

② 《道德经》第五十二章，史仲文主编：《中华经典藏书》，北京出版社 1999年版，第2345页。

个国家。

这个著名的传奇故事出自英国国王理查三世逊位的史实。他 1485 年在波斯沃斯战役中被击败。

战斗的当天早上，理查派了一个马夫去备好自己最喜欢的战马。"快点给它钉掌，"马夫对铁匠说，"国王希望骑着它打头阵。""你得等等，"铁匠回答，"我前几天给国王全军的马都钉了掌，现在我得找点铁片来。""我等不及了。"马夫不耐烦地叫道，"国王的敌人正在推进，我们必须在战场上迎击敌兵，有什么你就用什么吧。"铁匠埋头干活，从一根铁条上弄下四个马掌，把它们砸平，整好，固定在马蹄上，然后开始钉钉子。钉了三个后，他发现没有钉子来钉第四个马掌了。"我需要两个钉子，"他说，"得需要点时间砸出两个。""我告诉你我等不及了，"马夫急切地说，"我听见军号声了，你能不能凑合？""我能把马掌钉上，但是不能像其他几个那么牢实。""能不能挂住？"马夫问。"应该能，"铁匠回答，"但我没把握。""好吧，就这样，"马夫叫道，"快点，要不然国王会怪罪到咱们俩头上的。"两军交锋，理查国王冲锋陷阵，鞭策士兵迎战敌人。"冲啊，冲啊，"他喊着，率领部队冲向敌阵。慢慢地，他看见战场另一头几个自己的士兵退却了。如果其他人看见他们这样，也会后退的，所以理查策马扬鞭冲向那个缺口，召唤士兵调头战斗。但他还没走到一半，一只马掌掉了战马跌翻在地，理查也被摔在地上。国王还没有再抓住缰绳，惊恐的畜生就跳起来逃走了。理查环顾四周，他的士兵们纷纷转身撤退，敌人的军队包围了上来。他在空中挥舞宝剑，"马！"他喊道，"一匹马，我的国家倾覆就因为这一匹马。"他没有马骑了，他的军队已经分崩离析，士兵们自顾不暇。不一会儿，敌军俘获了理查，战斗结束了。

莎士比亚的名句："马，马，一马失社稷！"使这一战役永载史册。① 马蹄掌上一个钉子，本是一件微不足道的小事，但却成了一个帝王灭亡的大事。没有严谨的态度，对小事情不屑一顾，就很有可能造成"千里之堤，毁于蚁穴"的严重后果。所以软实力也包括对细微小事的周到顾及。

4.无私 ——"母"、"婴"软实力得以发挥的前提

关于无私，前已多次提到并引述了老子的名言。"道"是生命力，生命力存在于事物中。要想激发出事物的生命力，必须甘当服务者、垫脚石。"知其雄，守其雌，为天下溪。为天下溪，常德不离，复归于婴儿。知其白，守其黑，为天下式。为天下式，常德不忒，复归于无极。知其荣，守其辱，为天下谷。为天下谷，常德乃足，复归于朴。"② "雄"（矫健）、"白"（光亮）、"荣"（漂亮）都是我所洞察到的对方的生命力。洞察到了对方的生命

---

① 宿春礼：《青少年必须克服的人性弱点》，石油工业出版社 2006年版，第98—99页。
② 《道德经》第二十八章，史仲文主编：《中华经典藏书》，北京出版社 1999年版，第2338页。

力，我愿意牺牲自己，当垫脚石，扮演"雌"（柔顺）、"黑"（暗淡）、"辱"（黑丑），把对方的生命力激发出来。只有无私，才能守住母亲和婴儿的角色。母亲的无私是以婴儿为自己生命的延续，婴儿的无私是融合于群体中才能成长壮大。

有私心者往往是斤斤计较。若想消除斤斤计较的心理，只有对各种利益大而化之。"莛与楹，厉与西施，恢诡谲怪，道通为一。"① "夫天下莫大于秋豪之末，而大山为小；莫寿于殇子，而彭祖为夭。天地与我并生，而万物与我为一。"② 从"道"的角度看，一切差别都不存在。大之上永远有更大，小之下永远有更小，孰大孰小永远说不清楚。故而区分大小是徒劳的。所以，从消极的方面说，有私者所追求的私利都是虚幻的。但是，老子的无私并非是庄子这种消极的无私，而是一种高层次的积极的无私。他的无私是求天下之大私。老子说："圣人后其身而身先；外其身而身存。非以其无私邪？故能成其私。"③ 积极的无私是以成就天下为自己的私，"圣人不积，既以为人己愈有，既以与人己愈多"④。别人好就是我好，天下人得到就是我

---

① 《庄子·齐物论第二》，史仲文主编：《中华经典藏书》，北京出版社 1999年版，第2359页。

② 《庄子·齐物论第二》，史仲文主编：《中华经典藏书》，北京出版社 1999年版，第2359页。

③ 《道德经》第七章，史仲文主编：《中华经典藏书》，北京出版社 1999年版，第2332页。

④ 《道德经》第八十一章，史仲文主编：《中华经典藏书》，北京出版社 1999年版，第2352页。

得到，脱离天下人的幸福就没有我的幸福。这种与天下利益相融合的个人利益，是一种高层次的私。老子所说的道德境界后来的名人也有同感。列夫·托尔斯泰说："幸福是在于为别人而生活。""做好事的乐趣乃是人生唯一可靠的幸福。"狄慈根说："只有整个人类的幸福才是你的幸福。"不止是名人，许多普通人也产生过这种感觉。一位参加过北京奥运保安工作的警察在自己的日记里动人地描述道："作为奥运安保团队的一分子，身在北京，距离奥运这么近却又是那么远，他们没有机会去感受那激动人心的氛围，没有时间和家人团聚，却默默地在自己的岗位上选择奉献、选择牺牲，为之付出、为之努力，都为着同一个目标 ——力保北京奥运平安！每当警卫对象安全出行和归来之后，每个人疲惫的脸上都会洋溢出淡淡的微笑，让我读懂更多的却是一种幸福，这种幸福是那么简单又是那么质朴。这个群体真的让我备受感动和温暖，我也很快地融入到这个群体当中……结束了一天的现场督察工作，回到住地待命时，北京奥运会开幕式已隆重拉开帷幕，鲜艳的五星红旗高高飘扬，绚丽的烟花扮靓了今夜的北京，我的奥运之旅也终于有了一个全新的开始。看着电视里，万千灯光从四面八方汇集成五环图案，一张张笑脸在夜空绽放，五湖四海的朋友在鸟巢携手，我忽然想起战友们那一张张疲惫而幸福的笑脸，我似乎看到他们在为今晚的成功而喜悦。"①由上可知，"道"的无私境界不能简单地理解为无我，而是我与天下融而为一。最好的母亲和婴儿都应该有这种境界。

① 秦双：《有一种幸福叫做被需要》，《联想搜狐奥运·安保日记》2008年9月6日，见http://2008.sohu.com/20080906/n259409911.shtml。

第三讲
论先秦道家对儒家的影响

　　笔者以为，儒家思想中有些道家的痕迹。孔子是否见过老子？学术界有不同的看法，笔者则倾向于有。许多文化典籍都有这样的记载，如《礼记》、《庄子》、《吕氏春秋》、《史记》、《说苑》、《孔子家语》等。《论语》里虽然没有明确的记载，但也非无迹可寻。孔子说："述而不作，信而好古，窃比于我老彭。"[①]即传述旧的，不创造新的，相信而且喜欢古代的文化，我私自把自己比作老彭。《大戴礼》中提到"商老彭"[②]，但这只是孔子之后个别人对"老彭"的解读，

① 《论语·述而》，史仲文主编：《中华经典藏书》，北京出版社 1999年版，第1098页。
② 王聘珍：《大戴礼记解诂》，中华书局 1983年版，第178页。

"老彭"在先秦其他典籍中没有再出现，"老彭"二字仍是虚幻。笔者推论，老彭或许就是老子。"老聃"的"聃"字与聘请的"聘"字形相近。古人整理图书有可能出现传抄错谬，将"聃"字抄写为"聘"字。这种错谬今人也难免。笔者浏览"百度"输入"老聃"两字，首页将"老聃"写为"老聘"的起码有两条。"聘"与"彭"音相近，所以笔者推论，"老彭"很可能就是"老聘"，"老聘"就是"老聃"。另外，孔子夸赞舜："无为而治者，其舜也与？夫何为哉，恭己正南面而已矣。"①"无为而治"是老子的思想，孔子用他来解读舜的治国之道。孔子还说："天何言哉？四时行焉，百物生焉，天何言哉？"②话语中有老子天道无为思想的影子。先秦儒家与道家虽非同道，但是道家对儒家影响巨大。特别是郭店楚简出土后有些学者甚至认为，儒道两家的分歧本不像我们原来看到的那么大，都是后来一些道家人物篡改《老子》，才使儒道的对立表现为尖锐。然而笔者以为，即便按后来流行的有关儒道两家的古籍资料来看，仍然可以感受到，先秦道家对儒家的影响是非常大的。这从以下几个问题可以看出。

---

① 《论语·卫灵公》，史仲文主编：《中华经典藏书》，北京出版社1999年版，第1110页。

② 《论语·阳货》，史仲文主编：《中华经典藏书》，北京出版社1999年版，第1114页。

一　人性论

人性问题是哲学研究的重要问题之一，可是在儒家的创始人孔子那里，探讨的重点是关于人伦道德的信念、理想、价值尺度等，人性问题还没有成为关注的重点。对人性问题只是略有涉及。子曰："性相近也，习相远也。"[①] 即人性相近，是后天的学习使得人水平差距拉大。子贡曰："夫子之文讲，可得而闻也；夫子之言性与天道，不可得而闻也。"[②] 这是子贡感觉到的遗憾，他听不到孔子谈论人性和天道问题。但这句话也恰恰说明，在孔子的学生中，有人开始关注人性问题。

孔子提出了儒家的道德信念、价值尺度，但这些道德信念、价值尺度缺乏一种根基来支撑。孔子说："道之将行也与？命也。道之将废也与？命也。"[③] 这是把儒家的道德理念和社会主张的实现与否建立在"命"的基础上。天命令我为伟大的道德理念和价值尺度的实现而奋斗，我决不退缩。"子畏于匡。"（孔子）曰："文王既没，文不在兹乎？天之将丧

[①]《论语·阳货》，史仲文主编：《中华经典藏书》，北京出版社1999年版，第1113页。

[②]《论语·公冶长》，史仲文主编：《中华经典藏书》，北京出版社1999年版，第1096页。

[③]《论语·宪问》，史仲文主编：《中华经典藏书》，北京出版社1999年版，第1109页。

斯文也，后死者不得与于斯文也；天之未丧斯文也，匡人其如予何？"①孔子认为，周文王虽死，老天并没有让礼仪文明堙灭，而是降命于我，让我继续弘扬之。既有如此天命，威胁我的"匡人"又能够把我怎样呢？孔子要求他的学生都要知"命"。"不知命，无以为君子也。"②可是"命"的确切含义是什么？说不清楚。如果只是把"命"作为自己道德的信念、价值尺度的支撑，似乎难以让人树立信心。子路路遇荷蓧丈人后，对他们的消极避世提出了自己的观点："不仕无义。长幼之节，不可废也；君臣之义，如之何其废之？欲洁其身，而乱大伦。君子之仕也，行其义也。道之不行，已知之矣。"③子路虽然口气很硬，但缺乏道理。他的意思是说，我知道自己的道德信念、价值尺度实现不了，但这是命，我就这样坚持了，管他实现不实现呢。子路这种态度虽然值得钦佩，但不能给世人一个满意的答复，即儒家的道德信念、价值尺度的合理性究竟在哪里？为什么必须要坚持？孔子的学生子贡很想得到答案，可惜没能从孔子那里得到一个确切的说法。所以，子贡感叹："夫子之文讲，可得而闻也；夫子之言性与天道，不可得而闻

---

①《论语·子罕》，史仲文主编：《中华经典藏书》，北京出版社1999年版，第1101页。

②《论语·尧曰》，史仲文主编：《中华经典藏书》，北京出版社1999年版，第1117页。

③《论语·微子》，史仲文主编：《中华经典藏书》，北京出版社1999年版，第1115页。

也。"①"性与天道"问题如果能够得到孔子的解答，那么儒家的道德理念和社会主张的支撑点就找到了。

笔者以为，天命是个太抽象的概念，而且天命只是针对某一个或某几个人的（孔子就认为天命降在他身上），很难被大家接受。天命应该具体化普遍化，让每一个人都能够看得见摸得着，这样天命支撑的道德理念和价值尺度才容易被众人理解和接受。人性就比天命具体且好把握。人性关涉到每一个人，容易引起众人的注意，也容易理解。儒家后来受道家的影响，开始关注人性问题。孔子的孙子子思撰《中庸》一文，开讲就是"天命之谓性；率性之谓道；修道之谓教"②。"天命"就是天给人的规定。"天命之谓性"，就是天给人规定的特质，就是人性。"率性之谓道"，就是循着这个"性"，不偏离"性"所行走的轨迹就是"道"。子思提出了"性"的问题，把过去常用的"天命"、"道"与"性"联结在一起。想知道"天命"、"道"的具体落实处，就得弄清"性"的含义。"性"是什么呢？就是人及事物天然的本质属性，如同孟子所说："今夫水，搏而跃之，可使过颡；激而行之，可使在山。是岂水之性哉？其势则然也。"③"天下之言性也，则故

<hr />

① 《论语·公冶长》，史仲文主编：《中华经典藏书》，北京出版社 1999 年版，第 1096 页。

② 《中庸》，史仲文主编：《中华经典藏书》，北京出版社 1999 年版，第 1085 页。

③ 《孟子·告子上》，史仲文主编：《中华经典藏书》，北京出版社 1999 年版，第 1147 页。

而已矣。""禹之行水也，行其所无事也。"①孟子以水作比喻，水的本性是往下流，往上走"过颡"、"在山"，是由于"搏"、"激"的结果。大禹治水所谓"行其所无事也"，就是不在水往下走的本性之外有所行事。荀子对人性也是如此看法："性者，本始材朴也。"②人性就是原始未加工过的性质。

孔子之后的儒家思想家为什么开始关注人性问题，这应该是受了道家的启发，尤其是《道德经》。有学者推测，今日的《道德经》非老子之原作，而是被太史儋篡改过的。笔者认为，即便如此，太史儋是秦献公（前384—362年在位）时期人，也比关注人性问题的孟子（前 372—289 年）、荀子（约前313—约前238年）要早。所以，太史儋篡改过的《道德经》仍然可以影响这些重要的儒家思想家。还有人说《道德经》也被庄子篡改过。即便如此，同样也不影响前面的结论。庄子是前369—286年人，与孟子同时代，更在荀子之前，从时间上看孟荀二人当时有可能接触到庄子篡改的《道德经》的思想。况且，今日流传的《道德经》，其基本精神与郭店竹简所谓的原始道家经典并无根本冲突。

《道德经》第五十五讲："含德之厚，比于赤子。毒虫不螫，猛兽不据，攫鸟不搏。骨弱筋柔而握固。未知牝牡之合而

---

① 《孟子·离娄下》，史仲文主编：《中华经典藏书》，北京出版社 1999 年版，第1140页。

② 《荀子·礼论》，史仲文主编：《中华经典藏书》，北京出版社 1999 年版，第1279页。

胺作，精之至也。终日号而不嗄，和之至也。"①"德"是生命力，"含德之厚"是说生命力很强。"赤子"是小婴儿。老子认为小婴儿生命力最强。笔者以为，老子这里所说的生命力不是物理、化学、生物学意义上的生命力，而是哲学意义上的生命力。小婴儿"骨弱筋柔而握固"，即筋骨柔韧、浑身蠕动、乱蹦乱打、拳头紧握。为什么如此呢？是因为有毒虫来蜇他吗？不是。是因为有猛兽来抓他吗？不是。是因为有猛禽来扑他吗？也不是。那为什么小婴儿筋骨柔韧、浑身蠕动、乱蹦乱打、拳头紧握呢？没有为什么，这就是他的本性，生来如此，不能问为什么。小婴儿"胺作"即小生殖器勃起，为什么？是因为有异性在跟前引诱吗？没有。小婴儿"未知牝牡之合"，不懂得男欢女爱，没有性的意识。那为什么他的小生殖器勃起呢？不为什么，本性如此。所以老子说"精之至也"，即生命力真足啊。小婴儿"终日号而不嗄"，即整天大哭嗓子却不哑，为什么呢？因为他不是为求得什么而哭，哭是他的语言，是他初到人世的生活方式。所以老子说"和之至也"，即太柔和了。柔和，也是生命力强的表现。如果人是为了追求某种外在的目标而哭，那就很容易哭哑。

上面所说的小婴儿的哲学意义上的生命力，是指小婴儿处

---

① 《道德经》第五十五章，史仲文主编：《中华经典藏书》，北京出版社 1999年版，第2345—2346页。

于生命逻辑起点所具备的活力。在起点处，我如何运行是不受外界决定的，即不受"毒虫"、"猛兽"、"玃鸟"、"异性"的决定，而是由我自身决定。我要蠕动、我要握拳、我要呼号……这些秉性会冲破重重束缚，创造出各种实现自身存在的方式。老年人之所以生命力衰退，是因为越来越被周围环境所约束，要看周围环境的脸色而行事，以致要牺牲自己的部分本性。总之，老子认为，人原初时，本性不受制于外界环境，放任地表现自己，这是人的哲学生命力最强的时候。所以，老子形容道的时候，多次提到小婴儿："专气致柔，能如婴儿乎？"①"沌沌兮，如婴儿之未孩。"②"知其雄，守其雌，为天下溪。为天下溪，常德不离，复归于婴儿。"③

比较一下孟子的人性善论和老子所说的"赤子"之性可知，孟子受其影响显而易见。老子所说的"赤子"之性的存在是不能问为什么的，孟子的"人性"亦然。他说："所以谓人皆有不忍人之心者，今人乍见孺子将入于井，皆有怵惕恻隐之心。非所以内交于孺子之父母也，非所以要誉于乡党朋友也，非恶其声而然

---

① 《道德经》第十章，史仲文主编：《中华经典藏书》，北京出版社1999年版，第2333页。

② 《道德经》第二十章，史仲文主编：《中华经典藏书》，北京出版社1999年版，第2336页。

③ 《道德经》第二十八章，史仲文主编：《中华经典藏书》，北京出版社1999年版，第2338页。

也。"①为什么对快掉进井里的小孩有"怵惕恻隐之心"？不是为了与小孩的父母结交，不是为了受到乡邻的表扬，也不是因为讨厌听小孩的哭声，而是出于人的本性——"不忍人之心"。这个"不忍人之心"分解开来有"四端"，无此"四端"就不是人。"无恻隐之心，非人也；无羞恶之心，非人也；无辞让之心，非人也；无是非之心，非人也。恻隐之心，仁之端也；羞恶之心，义之端也；辞让之心，礼之端也；是非之心，智之端也。人之有是四端也，犹其有四体也。"②人性本来有此"四端"，不可以问为什么。这"四端"如同老子形容的婴儿，"骨弱筋柔而握固"、"朘作"、"终日号而不嗄"，都是出于天然的本性，所以是最有生命力的。对于出自本性的道德，老子说："善者吾善之；不善者吾亦善之；德善。信者吾信之；不信者吾亦信之；德信。"③无论他人对我善否，我都对他人善。无论他人取信于我否，我都取信于他人。为什么？因为我秉性如此。这种出自秉性的道德是最有生命力的，故曰"德善"、"德信"——出自自身生命力的善良和信用。孟子亦然："凡有四端于我者，知皆扩而充之矣，若火之始然，泉之始达。"④火初燃起，泉初冒

①《孟子·公孙丑上》，史仲文主编：《中华经典藏书》，北京出版社1999年版，第1128页。

②《孟子·公孙丑上》，史仲文主编：《中华经典藏书》，北京出版社1999年版，第1128页。

③《道德经》第四十九章，史仲文主编：《中华经典藏书》，北京出版社1999年版，第2344页。

④《孟子·公孙丑上》，史仲文主编：《中华经典藏书》，北京出版社1999年版，第1128页。

出，均出自其本性，突击勃发，不可遏抑，最有生命力。

孟子提出的人性善论，使儒家的天命道德容易把握，使儒家的道德理念和价值尺度有了支撑，更为儒家使用启发性的道德培养方法提供了合理性根据。既然人性是善的，那么对人的培养方法就应该是激活本性，而不是外在的强行扭拧。孟子以舜为例："舜之居深山之中，与木石居，与鹿豕游，其所以异于深山之野人者几希。及其闻一善言，见一善行，若决江河，沛然莫之能御也。"①舜的本性是善的，但这并非说他天生就是善人，只是说他有善的种子、善的基因。还需要"闻一善言，见一善行"，把种子激活，把基因的密码打开。苏格拉底认为，知识并非外在的东西，它实际上蕴藏在人的心灵中，因此需要帮助人们把这个"胎儿"生产出来。这就是所谓的"助产术"。这种方法可能是从其母亲助产职业那里得到启发。著名科学家杨福家院士认为，在教育学生时，不能把学生当作填充知识的容器硬往里面塞东西，而要当作智慧的火种由老师去点燃。同理，培养道德时，应该在培养对象身上找出善良的种子、善根，然后激活种子，把你讲述的道德与他的善根相嫁接。这样做所培养出来的道德是活生生的，有生命力的。因为接受道德教育的人会感觉到这个道德是出自我的内心，是我自身生命力的表现。

---

① 《孟子·尽心上》，史仲文主编：《中华经典藏书》，北京出版社1999年版，第1153页。

二　文化场

如前所述，老子反对"大道废"之后讲"仁义"。"大道"就是文化场，文化场是无形的文化。笔者认为，儒家注重文化场的打造，应该是受到道家的影响。

儒家很注重让自己的文化渗透到人们的潜意识中，变成文化场，进而再影响每一个人。孟子曰："仁言，不如仁声之入人深也。善政，不如善教之得民也。善政民畏之，善教民爱之；善政得民财，善教得民心。"[①]"仁声"、"善教"就是诗、乐、礼。孔子很重视诗、乐、礼的教育。《论语》记载，子曰："兴于诗，立于礼，成于乐。"[②]"不学诗，无以言。"[③]"不学礼，无以立。"[④]宰我说："三年不为乐，乐必崩。"[⑤]儒家强调的诗、乐、礼三项都关乎人的潜意识。关于诗，

① 《孟子·尽心上》，史仲文主编：《中华经典藏书》，北京出版社 1999 年版，第 1153 页。

② 《论语·泰伯》，史仲文主编：《中华经典藏书》，北京出版社 1999 年版，第 1100 页。

③ 《论语·季氏》，史仲文主编：《中华经典藏书》，北京出版社 1999 年版，第 1112 页。

④ 《论语·季氏》，史仲文主编：《中华经典藏书》，北京出版社 1999 年版，第 1112 页。

⑤ 《论语·阳货》，史仲文主编：《中华经典藏书》，北京出版社 1999 年版，第 1114 页。

《尚书》载："诗言志。"①颜师古在汉书中注："在心为志，发言为诗。"②"诗语足以感心，故闻其音而德和，省其诗而志正。"③"志"在潜意识中，是表达潜意识中的情怀。所以，诗可以"感"人心。闻诗而德和是说闻诗而性情和顺。诗只能"省"，即只能心灵感受。"志正"是说心灵深处受到陶冶、净化。总之，诗是关乎潜意识的。关于乐，《尚书》载："帝曰：夔！命汝典乐，教胄子。直而温，宽而栗，刚而无虐，简而无傲。"④这里也讲到了音乐。"直而温，宽而栗，刚而无虐，简而无傲。"颜师古解为"正直温和也"、"宽大而敬栗"、"刚毅而不害虐也"、"简约而无傲慢"。⑤这些都是讲性情的改造与陶冶。《汉书·志礼乐》中还说："乐者，圣人之所乐也，而可以善民心。其感人深，移风易俗，故先王著其教焉。"所以，音乐也关涉人的潜意识。"夔曰：于予击石拊石，百兽率舞。"⑥这是说击打乐器，使人潜意识中的性情愉悦，崇拜不同图腾的氏族部落翩翩起舞。对于诗歌音乐的作用，班固在《汉书》中总的评价是："'诗言志，歌咏言，声

---

① 《尚书·舜典》，史仲文主编：《中华经典藏书》，北京出版社 1999年版。第82页。

② 《汉书·礼乐志》，中华书局 1962年版，第1041页。

③ 《汉书·礼乐志》，岳麓书社 1993年版，第482页。

④ 《尚书·舜典》，史仲文主编：《中华经典藏书》，北京出版社 1999年版，第82页。

⑤ 《汉书·礼乐志》，中华书局 1962年版，第1040页。

⑥ 《尚书·舜典》，史仲文主编：《中华经典藏书》，北京出版社 1999年版，第82页。

依咏，律和声，八音克谐。'此之谓也。又以外赏诸侯德盛而
教尊者。其威仪足以充目，音声足以动耳，诗语足以感心，故
闻其音而德和，省其诗而志正，论其数而法立。是以荐之郊庙
则鬼神飨，作之朝廷则群臣和，立之学官则万民协。听者无不
虚己竦神，说而承流，是以海内遍知上德，被服其风，光辉日
新，化上迁善，而不知所以然。"①其中的"音声足以动耳，
诗语足以感心"，"化上迁善，而不知所以然"，都说明诗歌
音乐对人的心灵深处的穿透力非常强，使人在不自觉中，潜意
识地受到改造。关于礼，《汉书》中说："人性有男女之情，
妒忌之别，为制婚姻之礼；有交接长幼之序，为制乡饮之礼；
有哀死思远之情，为制丧祭之礼；有尊尊敬上之心，为制朝觐
之礼。"②礼虽然是外在的规定，但他所规定的仪节是对男女
之情、长幼之情、哀思之情、敬长之情的表达，所关涉的仍不
出个情字。因此，礼也关涉人的潜意识。再有，礼仪是通过诗
歌朗诵、音乐舞蹈来进行的，娱人之心，感人之情，精神穿透
力极强。由于礼是真善美三者的恰当融合，很容易积淀入潜意
识，形成氛围，构成文化场。

可是，儒家原来给人们的印象好像不是注重无形的氛围，
而是重视有形的烦琐礼仪。墨子在批评儒者时有过比较详细的
描绘。他指责儒者"繁饰礼乐以淫人，久丧伪哀以谩亲"③。

①《汉书·礼乐志》，岳麓书社1993年版，第482页。
②《汉书·礼乐志》，岳麓书社1993年版，第477页。
③《墨子·非儒下》，史仲文主编：《中华经典藏书》，北京出版社1999年版，
第4318页。

墨子还记载了孔子的一件事:"孔某之齐见景公,景公说,欲封之以尼溪,以告晏子。晏子曰:'不可!夫儒浩居而自顺者也,不可以教下;好乐而淫人,不可使亲治;立命而怠事,不可使守职;宗丧循哀,不可使慈民;机服勉容,不可使导众。孔某盛容修饰以蛊世,弦歌鼓舞以聚徒,繁登降之礼以示仪,务趋翔之节以观众,博学不可使议世,劳思不可以补民,累寿不能尽其学,当年不能行其礼,积财不能赡其乐,繁饰邪术以营世君,盛为声乐以淫遇民,其道不可以期世,其学不可以导众。今君封之,以利齐俗,非所以导国先众。'"①墨子和晏婴的批评透露出的信息是,儒是个专门从事礼仪方面工作的职业,靠将礼仪烦琐化吃饭。司马迁也对儒有一番评价:"夫儒者以《六艺》为法。《六艺》经传以千万数,累世不能通其学,当年不能究其礼……"②这一说法也透露出儒从事的工作包括传诵经典,行礼仪。这样,儒家给人的印象好像是只注重有形的文化。其实,墨子、晏婴、司马迁的看法都失之片面。他们没有看到,儒家讲求的有形文化的背后,更隐含着无形的文化。班固在《汉书》中说:"儒家者流,盖出于司徒之官,助人君顺阴阳明教化者也。游文于六经之中,留意于仁义之际,

---

① 《墨子·非儒下》,史仲文主编:《中华经典藏书》,北京出版社 1999 年版,第 4318 页。
② 《史记·太史公自序》,中华书局 1959 年版,第 3290 页。

祖述尧舜，宪讲文武，宗师仲尼，以重其言，于道最为高。
孔子曰："如有所誉，其有所试'。唐虞之隆，殷周之盛，
仲尼之业，已试之故者也。然惑者既失精微，而辟者又随时抑
扬，违离道本，苟以哗众取宠后进循之，是以五经乖析，儒学
浸衰，此辟儒之患。"①班固讲得好："游文于六经之中，留意
于仁义之际，祖述尧舜，宪讲文武，宗师仲尼，以重其言，于
道最为高。"其实，对于高层次的儒家来说，经典只是儒家使
用的器物，仁义的精神才是其所务求；尊尧舜文武是为了尊崇
"道"。墨子、晏婴、司马迁所批评的只注重礼仪、典籍等有
形的文化，可能说的是儒家早期尚不成熟时的表现，也是后来
一些"辟儒"——对儒家精神不求甚解的低层次的儒之所为。

　　笔者认为，孔子年轻时可能比较注重有形文化，所以三十
多岁时，孔子遭到晏婴的批判，但后来其侧重点开始转向无
形。笔者分析，这一转变应当与老子的影响有关。司马迁在
《史记》中记载了孔子（或许是 33—34岁）见老子的事迹：
"孔子适周，将问礼于老子。老子曰：'子所言者，其人与骨
皆已朽矣，独其言在耳。且君子得其时则驾，不得其时则蓬累
而行。吾闻之：良贾深藏若虚，君子盛德，容貌若愚。去子之
骄气与多欲，态色与淫志，是皆无益于子之身。吾所以告子，
若是而已。'孔子去，谓弟子曰：'鸟，吾知其能飞，鱼，吾

①《汉书·艺文志》，岳麓书社1993年版，第768页。

知其能游，兽，吾知其能走。走者可以为罔，游者可以为纶，飞者可以为矰。至于龙吾不能知，其乘风云而上天。吾今日见老子，其犹龙邪？'"①老子让孔子不要只关注前人的有形 ——"人与骨"，而应关注前人的无形 ——"其言"。老子所说的"骄气与多欲，态色与淫志"，很可能都与孔子追求的有形文化相关。孔子对老子的印象最深之处也是无形，他所感受到的老子不是鸟，不是鱼，不是兽，而是无以网捕，无以钩钓，无以瞄射的无形的龙。受老子的影响，孔子逐渐从以往关注表层的伦常转向深究伦常背后的精神。荀子记载："鲁哀公问于孔子曰：'子从父命，孝乎？臣从君命，贞乎？'三问，孔子不对。"鲁哀公问孔子，儿子绝对服从父亲能否就是"孝"？臣子绝对顺从君主能否就是"贞"？问了多次，孔子都不回答。"孔子趋出以语子贡曰：'乡者，君问丘也，曰：子从父命，孝乎？臣从君命，贞乎？三问而丘不对，赐以为何如？'子贡曰：'子从父命，孝矣。臣从君命，贞矣，夫子有奚对焉？'孔子曰：'小人哉！赐不识也！'"孔子出门向子贡提问他为何不回答鲁哀公。子贡说这就是"孝"、"贞"，用不着回答。孔子对子贡的解释很不满意。孔子的解释是："故子从父，奚子孝？臣

---

① 《史记·老子韩非列传》，中华书局1959年版，第2140页。

从君，奚臣贞？审其所以从之之谓孝、之谓贞也’”①"孝"是子顺从父亲，"贞"是臣顺服君，怎样才算做"孝"、"贞"，不能光看表面顺从否，更要深层次地看是为什么顺服。为了正义，即使儿子与父亲争、臣子与君主争，不能说不"孝"不"贞"。荀子记载："鲁哀公问舜冠于孔子，孔子不对。三问不对。哀公曰：'寡人问舜冠于子，何以不言也？'"鲁哀公向孔子询问舜戴什么样的帽子，多次问而孔子不回答。鲁哀公问孔子为什么不回答。"孔子曰：'古之王者，有务而拘领者矣，其政好生而恶杀焉。是以凤在列树，麟在郊野，乌鹊之巢可俯而窥也。君不此问，而问舜冠，所以不对也。'"②即古代圣王只要有帽子和围脖就可以了，生活很简朴。可是他们施政讲求仁爱，连动物都感到幸福。你身为国君不问古代圣王的仁爱之政，只问戴什么帽子，对这种无聊的问题我不愿回答。荀子记载的这些问答反映出孔子晚年对君臣父子之间的伦理关系由表层的礼仪转向强调无形的思想和情感。

《中庸》第十六讲载："子曰：鬼神之为德。其盛矣乎！视之而弗见，听之而弗闻，体物而不可遗。使天下之人齐明盛服，以承祭祀。洋洋乎！如在其上，如在其左右。"③"鬼神"

①《荀子·子道第二十九》，史仲文主编：《中华经典藏书》，北京出版社1999年版，第1309页。

②《荀子·哀公第三十一》，史仲文主编：《中华经典藏书》，北京出版社1999年版，第1311—1312页。

③《中庸》，史仲文主编：《中华经典藏书》，北京出版社1999年版，第1086页。

是一种形容，表示最伟大的精神。最伟大的精神更是无形的。这种精神到处飘浮流动，弥漫于四周。其实就是文化场。孔子形容他使用了老子形容"道"的字眼——"视之而弗见，听之而弗闻。"这种精神不能直接感觉到，却对人有着很大的感染力。

孔子为什么对鲁哀公所说的"孝"、"贞"不感兴趣？因为文化场被破坏了，君主是为个人私利而讲"孝"、"贞"。汉代公孙弘向汉武帝谏策时说："气同则从，声比则应。今人主和德于上，百姓和合于下，故心和则气和，气和则形和，形和则声和，声和则天地之和应矣。"①"心"是精神，"气"是精神交流而产生的气氛。公孙弘所关注的就是文化场，他希望汉武帝别只看到有形的文化，还要注意无形的文化场的打造。

三　法自然

儒家接触到了道家的"法自然"思想。这首先表现在处事上。"孔子适周，将问礼于老子。老子曰：'子所言者，其人与骨皆已朽矣，独其言在耳。且君子得其时则驾，不得其时则蓬

---

① 《汉书·公孙宏传》，岳麓书社 1993 年版，第 1131 页。

累而行。'"①孔子去东周向老子请教礼。老子对他的教诲内容之一是君子顺时而行，得时则奔行，不得时则像沙漠中的蓬草一样随风飘遇而植。这段话透露的信息之一是顺随自然。孔子后来说自己："我无可无不可。"②孟子也说，孔子"可以仕则仕，可以止则止，可以久则久，可以速则速，孔子也"③。这些应该是与孔子受到老子"君子得其时则驾，不得其时则蓬累而行"的教诲有关。

孟子游说齐宣王，用的就是"顺毛驴"的方式。齐宣王说："寡人有疾，寡人好勇。""王请无好小勇。夫抚剑疾视曰：'彼恶敢当我哉！'此匹夫之勇，敌一人者也。王请大之（我有个毛病，就是逞强好勇。孟子回答：请大王不要好小勇。有的人动辄按剑瞪眼说：'他怎么敢抵挡我呢？'这其实只是匹夫之勇，只能与个把人较量。大王请讲大勇）。""诗云：'王赫斯怒，爰整其旅；以遏徂莒，以笃周祜，以对於天下。'此文王之勇也。文王一怒而安天下之民（《诗经》说：'文王义愤激昂，发令调兵遣将，把侵略莒国的敌军阻挡，增添了周国的吉祥，不辜负天下百姓的期望。'这是周文王的勇。周文王一怒便使天下百姓都得到安定）。""书曰：'天降下民，作之君，作之师，惟曰其助上帝，宠之四方；有罪无罪，为我

① 《史记·老子韩非列传》，中华书局 1959 年版，第 2140 页。
② 《论语·微子》，史仲文主编：《中华经典藏书》，北京出版社 1999 年版，第1115页。
③ 《孟子·公孙丑上》，史仲文主编：《中华经典藏书》，北京出版社 1999 年版，第1127页。

在，天下曷敢有越厥志？'一人横行於天下，武王耻之。此武王之勇也。而武王亦一怒而安天下之民。今王亦一怒而安天下之民，民惟恐王之不好勇也（《尚书》说：'上天降生了老百姓，又替他们降生了君王，降生了师表，这些君王和师表的唯一责任，就是帮助上帝来爱护四方的百姓。所以，天下四方的有罪者和无罪者，都由我来负责，普天之下，何人敢超越上帝的意志呢？'所以，只要有一人在天下横行霸道，周武王便感到羞耻。这是周武王的勇。周武王也是一怒便使天下百姓都得到安定。如今大王如果也做到一怒便使天下百姓都得到安定，那么，老百姓就会唯恐大王不喜好勇了啊）。"齐宣王又说："寡人有疾，寡人好货。"对曰："昔者公刘好货；诗云：'乃积乃食，乃裹糇粮；于橐于囊，思戢用光；弓矢斯张，干戈戚扬：爰方启行。'故居者有积食，行者有裹粮也；然后可以爰方启行。王如好货，与百姓同之，于王何有（齐宣王说：我有个毛病，我贪财。孟子说：从前公刘也喜爱钱财。《诗经》说：'收割粮食装满仓，备好充足的干粮，装进小袋和大囊。紧密团结争荣光，张弓带箭齐武装。盾戈斧铷拿手上，开始动身向前方。'因此留在家里的人有谷，行军的人有干粮，这才能够率领军队前进。大王如果喜爱钱财，能想到老百姓也喜爱钱财，这对施行王政有什么影响呢）！"齐宣王又说："寡人有疾，寡人好色。""昔者大王好色，爱厥妃；诗云：'古公亶父，来朝走马；率西水浒，至於岐下；爰及姜女，聿来胥宇。'当是时也，内无怨女，外无旷夫；王如好色，与百姓同之，於王何有（齐宣王说：我还有个毛病，我喜爱女色。孟子回答说：从前周太王也喜爱女色，非常爱他的妃子。《诗经》说：'周太王古公亶父，一大早驱驰快马。沿着西边的河岸，一直走到岐山下。带着妻子姜氏女，勘察地址建新居。那时，没有找不到丈夫的老处女，也没有找不到妻子的老光棍。大王如果喜爱女色，能想到老百姓也喜爱女色，这对施行王政有什么影响呢'）！"①

荀子讲臣如何事君说："事圣君者，有听从无谏争；事中君者，有谏争无谄谀；事暴君者，有补削无挢拂。迫胁于乱时，穷居于暴国，而无所避之，则崇其美，扬其善，违其恶，隐其败，言其所长，不称其所短，以为成俗。"②事奉德才兼备的君主，只须服从，无需劝谏；事奉中等能力和有道德的君主只需劝谏，不要讨好奉承；但事奉昏暴的君主，就应帮助他弥补过失而不要强行纠正。被混乱的时代所逼迫挟制，被暴君统治的国家所困厄，又改变不了现实，只好采用"顺毛驴"的方式，突出他的优点、宣扬他善的方面、回避他的缺点、隐瞒他的失败处，说他的长处，不提他的短处。对于不同的君主如何因应，荀子主张随顺自然。好的君主皈顺其领导，中等君主主

---

① 《孟子·梁惠王下》，史仲文主编：《中华经典藏书》，北京出版社 1999 年版，第 1123—1124 页。

② 《荀子·臣道十三》，史仲文主编：《中华经典藏书》，北京出版社 1999 年版，第 1261 页。

动辅佐，坏的君主不助其恶，尽量诱导出其善的方面，同时也防止其伤害自己。荀子的"臣道"就是因顺所面对的君主之自然。特别是对恶的君主，荀子的观点有些类似于庄子。庄子有一个故事表达了如何对待恶君："颜阖将傅卫灵公大子，而问于蘧伯玉曰：'有人于此，其德天杀。与之为无方则危吾国，与之为有方，则危吾身。其知适足以知人之过，而不知其所以过。若然者，吾奈之何？'"颜阖将要做卫灵公的太子的老师，但这个太子天性刻薄。若不用规矩教诲他，他就危害国家；若用规矩教诲他，他就危害我这个师傅。这位太子善知他人之过却不善知己过。颜阖向蘧伯玉请教办法。"蘧伯玉曰：'善哉问乎！戒之，慎之，正女身也哉！形莫若就，心莫若和。虽然，之二者有患。就不欲入，和不欲出。形就而入，且为颠为灭，为崩为蹶。心和而出，且为声为名，为妖为孽。彼且为婴儿，亦与之为婴儿；彼且为无町畦，亦与之为无町畦；彼且为无崖，亦与之为无崖；达之，入于无疵。'"①蘧伯玉的意思是，把握住自己。小心戒备他，谨慎对待他。外表亲近他但不与之同流，内心柔和但不外露，不使对方误认为示媚。在方式方法上，他像婴儿那样天真，你就像婴儿那样天真；他做事没有规范，你就做事没有规范；他做事无拘无束，你也做事无拘无束。总之，既不违反原则，又能够保全自己。

---

① 《庄子·人间世》，史仲文主编：《中华经典藏书》，北京出版社1999年版，第2365—2366页。

关于治国安邦之道的根据所在，老子说："人法地，地法天，天法道，道法自然。"①"以辅万物之自然而不敢为。"②道家的法自然就是以万物为法。"道之尊，德之贵，夫莫之命而常自然。"③"道"之所以尊，"德"之所以贵，在于他们不发命令，因任万物之自然。庄子在《应帝王》中借"无名人"之口说，"顺物自然而无容私焉"④，即顺随万物的自然变化而不夹杂私心己意。在《渔父》里借"客"（渔翁）的口说："真者，所以受于天也，自然不可易也。故圣人法天贵真，不拘于俗。"⑤即真性是出于自然，而自然是不可以改变的。所以圣人效法自然，珍视本真，不拘泥于世俗。

受道家影响，儒家也认为，古代先圣的思想就是取法于自然形成的。《易传·系辞上》载："圣人有以见天下之赜，而拟诸其形容，象其物宜，是故谓之象。圣人有以见天下之动，而观其会通，以行其典礼，系辞焉，以断其吉凶，是故谓之爻。"⑥即圣人发现天下存在幽深难见的道理，就把它比拟成具

① 《道德经》第二十五章，史仲文主编：《中华经典藏书》，北京出版社1999年版，第2337页。
② 《道德经》第六十四章，史仲文主编：《中华经典藏书》，北京出版社1999年版，第2348页。
③ 《道德经》第五十一章，史仲文主编：《中华经典藏书》，北京出版社1999年版，第2344—2345页。
④ 《庄子·应帝王》，史仲文主编：《中华经典藏书》，北京出版社1999年版，第2376页。
⑤ 《庄子·渔父》，史仲文主编：《中华经典藏书》，北京出版社1999年版，第2447页。
⑥ 《周易·系辞上》，史仲文主编：《中华经典藏书》，北京出版社1999年版，第71页。

体的形态容貌，象征特定事物适宜的意义，所以称为象；圣人发现天下万物具有运动不息的情状，就观察其中的会合变通，以利于履行典法礼仪，并在卦爻下撰系文辞来判定事物变动的吉凶，所以称为爻。《易传·系辞下》载："古者包牺氏之王天下也，仰则观象于天，俯则观法于地；观鸟兽之文，与地之宜，近取诸身，远取诸物；于是始作八卦，以通神明之德，以类万物之情。"① 即古时候伏羲氏治理天下，他抬头观察天上的表象，俯身观察大地的形状，观察飞禽走兽身上的纹理，以及适宜存在于地上的种种事物，从近处援取人的一身作象征，从远处援取各类物形作象征，于是才创作了八卦，用来贯通神奇光明的德性，用来类归天下万物的情态。

荀子用天道自然无为批判神学迷信应该说也是受了道家的影响。他说："天行有常，不为尧存，不为桀亡。"② 老子特别爱用"常"字来表达自己哲学的高层次性。"道，可道，非常道；名，可名，非常名。无名，天地始；有名，万物母。常无，欲观其妙；常有，欲观其徼。"③"知常曰明。不知常，忘作，凶。"④"常"就是稳定不变，越是普遍性的规律越是稳定

① 《周易·系辞下》，史仲文主编：《中华经典藏书》，北京出版社1999年版，第73页。

② 《荀子·天论》，史仲文主编：《中华经典藏书》，北京出版社1999年版，第1270页。

③ 《道德经》第一章，史仲文主编：《中华经典藏书》，北京出版社1999年版，第2331页。

④ 《道德经》第十六章，史仲文主编：《中华经典藏书》，北京出版社1999年版，第2335页。

不变。老子"道"的稳定不变性就是"常"，荀子的"常"与老子的"含义相同。"荀子还讲了天道自然无为："不为而成，不求而得，夫是之谓天职。""列星随旋，日月递照，四时代御，阴阳大化，风雨博施，万物各得其和以生，各得其养以成，不见其事，而见其功，夫是之谓神。皆知其所以成，莫知其无形，夫是之谓天功。"① 庄子说："天地有大美而不言，四时有明法而不议，万物有成理而不说。"即天地有大的美好却不言语，四季有彰明的规律却不议论，万物有生成之理却不说话。"物已死生方圆，莫知其根也。扁然而万物自古以固存。六合为巨，未离其内；秋豪为小，待之成体；天下莫不沉浮，终身不故；阴阳四时运行，各得其序；惛然若亡而存；油然不形而神；万物畜而不知。"② 即万物或死或生，或方或圆，新陈代谢，变化无穷。没有谁知道他的本根。万物普遍存在着，自古以来就是如此。四方上下虽然巨大，但没有脱离万物而独存；毫毛虽小，万物也要依凭他为形体；天下事物没有不浮沉变化的，不会总是原样。阴阳四时的运行，各有其序。朦胧若存若亡，生机无形神秘莫测，万物得其养而不知。荀子的天道自然无为虽然不像庄子那样消极，但无疑得到了庄子思想的滋养。

儒家的取法自然与道家的取法自然仍有很大不同。道家的

---

① 《荀子·天论》，史仲文主编：《中华经典藏书》，北京出版社1999年版，第1271页。

② 《庄子·知北游》，史仲文主编：《中华经典藏书》，北京出版社1999年版，第2415页。

取法自然是顺应自然而不人为地做作，所谓无为就是不在自然的性质和规律之外另有作为。儒家的取法自然则是深刻地领会自然，主动地学习自然中与人类相通的道理。《中庸》载："仲尼……上律天时，下袭水土。辟如天地之无不持载，无不覆帱，辟如四时之错行，如日月之代明。"①孔子敬法自然：上顺应天时的变化，下因袭水文地理。孔子的政治法则如同大地，无所不能承载，如同天，无所不能覆盖，如同四季，依次循环，如同日月，交替照耀。儒家从自然中发现了胸怀、境界、品性，这些内容就是儒家所要取法的自然。

四　回归起点

德国的存在主义哲学家雅斯贝尔斯提出了一个观点：历史需要回归起点——回归到公元前古希腊、古印度和古中国等文明轴心时代。②回归起点的什么东西？不是物质生活，也不是治国平天下之术。雅斯贝尔斯提出当今人类需要回归到轴心时代的理想、信仰、道德、价值观等方面。雅斯贝尔斯的观点可以帮助我们从一个侧面理解老子的思想。老子最喜欢起点。

---

① 《中庸》，史仲文主编：《中华经典藏书》，北京出版社1999年版，第1087页。
② 雅斯贝尔斯：《历史的起源与目标》，魏楚雄、俞新天译，华夏出版社1989年版，第174、224页。

前面说过，老子喜欢小婴儿，因为小婴儿的哲学生命力最强。老子甚至喜欢人类社会倒退回原始社会。"小国寡民。使有什伯之器而不用；使民重死而不远徙。虽有舟舆，无所乘之；虽有甲兵，无所陈之。使民复结绳而用之。甘其食，美其服，安其居，乐其俗，邻国相望，鸡犬之声相闻，民至老死，不相往来。"①这段话看起来虽然是喜欢社会倒退，但恰恰在这原始落后的社会中，也包含着对人类具有永恒价值的信息——"甘"、"美"、"安"、"乐"。追求这些，是人类生命力之所在。为了"甘"、"美"、"安"、"乐"，人类需要前进，需要发达、先进。但是，当社会发展的速度过快，各个方面的进展比例过分不协调，就会使社会剧烈地震荡和极大地分化，影响了"甘"、"美"、"安"、"乐"，反而会使社会偏离了价值导向，失去了前进的动力。所以，老子说的"小国寡民"的原始部落社会形态虽然落后，其实也隐含着婴儿般的生机——"甘"、"美"、"安"、"乐"。雅斯贝尔斯只是说轴心时代的理想、信仰、道德、价值观等方面的内容对我们后人来说是永远重要的，但他使用的语言还不够抽象化哲理化。老子比他的说法更加抽象化哲理化："致虚极，守静笃。万物并作，吾以观其复。夫物芸芸，各复归其根。归根曰静，静曰复命。复命曰常，知常曰明。不知常，妄作凶。知常容，

---

① 《道德经》第八十章，史仲文主编：《中华经典藏书》，北京出版社1999年版，第2352页。

容乃公，公乃全，全乃天，天乃道，道乃久，没身不殆。"①内心达到最虚廓的程度，就能实实在在地保持静观。对杂然并起的万物，我就能看出他们的归宿。纷繁多变的众物最终要奠基于各自的本根。就奠基于各自的本根而言，可以说他们是静止的。奠基于固定的本根的静止就是他们命定的归宿。命定的归宿是恒常的，知此便是聪明。不知此，老想在命定的归宿之外妄有他为，定遭凶险。知道了恒常的命定归宿（"常"），就知道了内心所应包容（"容"）；知道了内心所应包容，做事就能出自公心（"公"）；做事能出自公心，考虑问题就全面（"全"）；考虑问题全面就能顺自然（"天"），能顺自然就能事事符合道（"道"）；事事符合道就能长久存在（"久"），终身立于不败之地。恒常、包容、全面、客观、规范、持续性，应该说这是用更加抽象化哲理化的语言表达了雅斯贝尔斯所说的我们人类应该从轴心时代汲取的有生命力的价值、道德、信念。这些内容在人类轴心时代虽然落后，但不"含德之厚"。

老子注重古代，追溯古始，提取生命力信息，这种思维方式影响了孔子。《礼记·曾子问》中记载了一些孔子从老子那里听到的讲解古礼的话："吾闻诸老聃曰：'天子崩，国君薨，则祝取群庙之主而藏诸祖庙，礼也。卒哭成事，而后主各反其庙。君去其国，大宰取群庙之主以从，礼也。袷祭于祖，则

---

① 《道德经》第十六章，史仲文主编：《中华经典藏书》，北京出版社1999年版，第2335页。

祝迎四庙之主，主出庙入庙，必跸。'老聃云。"①我听老聃
说，天子驾崩，诸侯去世，就由太祝取群庙的神主藏之于祖
庙，这是合乎礼的。卒哭之祭结束后，再把神主放在各自的神
庙里。如果诸侯离开自己的国家，则由太宰取神庙的神主同
行，这是合乎礼的。合祭时就由太祝迎接二昭二穆共四庙的神
主到太祖之庙。神主出庙入庙，必须清道，禁止通行。这是老
聃说的。"昔者吾从老聃助葬于巷党，及垣，日有食之，老聃
曰：'丘，止枢就道右，止哭以听变。'既明反，而后行，
曰：'礼也。'反葬而丘问之，曰：'夫枢不可以反者也，日有
食之，不知其已之迟数，则岂如行哉？'老聃曰：'诸侯朝天
子，见日而行，逮日而舍奠。大夫使，见日而行，逮日而舍。
夫枢不蚤出，不莫宿，见星而行者，唯罪人与奔父母之丧者
乎？日有食之，安知其不见星也？且君子行礼，不以人之亲痁
患。'吾闻诸老聃云。"②从前我跟着老聃在巷党助葬，走到路
上，发生日食，老聃说："丘，停下灵枢，走到路右边，大家停
止哭泣，静待自然的变化。"太阳恢复光明后，继续进行。老
聃说："这是合乎礼的。"葬毕回来，我问他道："灵枢已运出
是不能返回的。发生日食，谁也不知道什么时候结束，与其等
着，还不如继续前行呢。"老聃说："诸侯朝见天子，早上出了

①《礼记·曾子问》，史仲文主编：《中华经典藏书》，北京出版社1999年版，
第415页。
②《礼记·曾子问》，史仲文主编：《中华经典藏书》，北京出版社1999年版，
第416页。

太阳才出发，不等太阳落山就歇息。大夫出使也是如此。出葬时，灵柩不可在天不亮时就出发，也不可在天黑以后再歇息。星星出现还行路的，只有犯罪的和奔父母之丧的人吧。发生日食，不见太阳，怎么知道星星不会出现呢？再说君子行的是礼，不能让别人的父母濒近于祸患啊。"这是老聃说的。《礼记·曾子问》出现老聃二字达八次之多，都是讲老子向孔子讲述古代之礼的。这些说明，老子知古、好古。笔者推测，根据老子的精神，老子并非在纠缠于古代具体的烦琐礼仪，而是在向孔子传递古礼中隐含的"道"的精神。孔子很可能受到老子的影响，所以孔子说："述而不作，信而好古，窃比于我老彭。"[1]即传述旧的，不创造新的，相信而且喜欢古代的文化，我私自把自己比作老彭（前已说过老彭很可能就是老子）。孔子聆听过老子的教诲，对老子是相当崇拜的。

孔子承认自己"好古"，《中庸》记载他"祖述尧舜，宪讲文武"，即追述尧舜二帝的传统，将周文王、周武王时期的制度作为根本典讲。但是，孔子又有反对复古的言论。他说："愚而好自用，贱而好字专，生乎今之世，反古之道。如此者灾及其身者也。"[2]他反对"生乎今之世，反古之道"。这说明，孔子受到老子的影响，追溯古人是为了寻求起点的生命力

[1]《论语·述而》，史仲文主编：《中华经典藏书》，北京出版社1999年版，第1098页。
[2]《中庸》，史仲文主编：《中华经典藏书》，北京出版社1999年版，第1087页。

信息，而不是恢复古人的具体事项。《史记》记载："孔子适
周，将问礼于老子。老子曰：'子所言者，其人与骨皆已朽矣，
独其言在耳。'"①老子教导孔子，对于古代，不要把注意力
放在有形的人和事上，而要多关注古人说的话——无形的思
想。老子是在提醒孔子关注历史起点的生命力信息，孔子接受
了。孔子及其后来的儒家思想家从尧舜禹等古代圣王那里提炼
出来的生命力信息是"仁义礼智"等。

五　修身境界

　　孔子讲了许多修身的具体方法。如"非礼勿视，非礼勿
听，非礼勿言，非礼勿动。"②"弟子入则孝，出则弟，谨
而信，泛爱众，而亲仁。行有余力，则以学文。"③"出则
事公卿，入则事父兄，丧事不敢不勉，不为酒困，何有于我
哉？"④《论语·乡党》整篇记载的都是孔子遵守礼的行为举

---

①《史记·老子韩非列传》，中华书局1959年版，第2140页。

②《论语·颜渊》，史仲文主编：《中华经典藏书》，北京出版社1999年版，
第1105页。

③《论语·学而》，史仲文主编：《中华经典藏书》，北京出版社1999年版，
第1091页。

④《论语·子罕》，史仲文主编：《中华经典藏书》，北京出版社1999年版，
第1101页。

止，包括在家乡、户在朝廷，见上级、平级、下级，见客人，见长辈、晚辈，吃饭、穿衣、睡觉、出行……但是，应付这么多复杂的礼仪，内心没有一个总的精神统领不行。老子说："为学日益，为道日损，损之又损之，以至于无为。无为无不为。"①"为学"就是学习知识，知识是要越学越多。"为道"是掌握知识的境界。境界越没有拘束性，越具有超越性灵活性越好。学习和掌握礼仪一样，内心没有达到一定的境界，这些礼仪不可能在自己身上扎根，也不可能运用自如。所以老子说："致虚极，守静笃。万物并作，吾以观其复。"②内心达到最虚廓的程度，能够实实在在地保持静观。对杂然并起的万物，我就能看出他们的归宿。同样，内心达到类似虚廓静观的境界，繁多的礼仪就会在自己身上生根，并且表现得自然、恰当。

孔子欣赏曾点"浴乎沂，风乎舞雩，咏而归"③的洒脱自在，表明孔子要超越具体的道德礼仪，追求一种统摄一切具体道德礼仪的境界。这种境界简而虚，摆脱束缚。孟子受了道家的影响，修身不再侧重于讲具体的礼仪，而是强调内心的境界。学生公孙丑问曰："夫子加齐之卿相，得行道焉，虽由此霸王不异矣。如此，则动心否乎？"公孙丑问道：如果让您担

---

① 《道德经》第四十八章，史仲文主编：《中华经典藏书》，北京出版社 1999 年版，第2344页。

② 《道德经》第十六章，史仲文主编：《中华经典藏书》，北京出版社 1999 年版，第2335页。

③ 《论语·先进》，史仲文主编：《中华经典藏书》，北京出版社 1999 年版，第1104页。

任齐国的卿相，能够实行您的主张了，那么即使因此而建立了霸业或王业，也不必感到奇怪的了。如果这样，您动心不动心呢？孟子曰："否。我四十不动心。"①孟子回答：不，我四十岁起就不动心了。"动心"与"不动心"的用语，应该是受道家类似说法的影响而引入儒家的。老子说："见素抱朴，少私寡欲。"②即守住原色原质不放，减少外在的思虑和欲求。"君子终日行不离辎重。虽有荣观，燕处超然。"③即君子切记终日不能离开自己的厚重根基。前面虽有耀眼的荣华富贵，仍淡视而安己。庄子说："百里奚爵禄不入于心，故饭牛而牛肥，使秦穆公忘其贱，与之政也。有虞氏死生不入于心，故足以动人。"④百里奚不把利禄放在心上，所以养牛而牛肥。使秦穆公忘了他身份的卑贱，将政事委托给他。有虞氏不把生死放在心上，所以实际足以感动他人。孟子或许在问题的讨论上或语言的使用上，受到道家的启发，而使用了"不动心"的字眼。另外，孟子与公孙丑对话解释了"浩然之气"。（孟子说）"我知言，我善养吾浩然之气。"即我善于分析别人的言辞，我善于培养我的"浩然之气"。公孙丑问什么是"浩然之气"？

① 《孟子·公孙丑上》，史仲文主编：《中华经典藏书》，北京出版社1999年版，第1127页。

② 《道德经》第十六章，史仲文主编：《中华经典藏书》，北京出版社1999年版，第2335页。

③ 《道德经》第二十六章，史仲文主编：《中华经典藏书》，北京出版社1999年版，第2337页。

④ 《庄子·田子方》，史仲文主编：《中华经典藏书》，北京出版社1999年版，第2413页。

（孟子说）曰："难言也。其为气也，至大至刚，以直养而无害，则塞于天地之间。其为气也，配义与道；无是，馁也。是集义所生者，非义袭而取之也。行有不慊于心，则馁矣。……必有事焉而勿正，心勿忘，勿 助长也。"①孟子说，"浩然之气"难说清楚。它作为一种气，最为盛大，最为刚强，靠正直去培养它而不伤害它，就会充塞天地之间。它作为一种气，要和义与道配合；没有这些，它就会萎缩。它是由正义不断积累而产生的，不是偶然地有过正义的举动就取得的。如果行为有愧于心，气就萎缩了。（对浩然之气）一定要培养它，不能有特定的目的；心里不能忘记它，也不妄自助长它。"浩然之气"存在于内心，是一种高玄的精神境界，先秦道家虽然没有讲过这种境界，但是孟子超越具体的礼仪，攀升到"不动心"、养"浩然之气"的高玄境界，这无疑是受到道家追求主体虚玄境界的影响。比如，庄子说"神人""不食五谷，吸风饮露。乘云气，御飞龙，而游乎四海之外"②。说"至人"，"乘云气，骑日月，而游乎四海之外"③。说"无听之以耳而听之以心，无听之以心而听之以气。听止于耳，心止于符。气也

①《孟子·公孙丑上》，史仲文主编：《中华经典藏书》，北京出版社1999年版，第1127页。
②《庄子·逍遥游》，史仲文主编：《中华经典藏书》，北京出版社1999年版，第2356页。
③《庄子·齐物论》，史仲文主编：《中华经典藏书》，北京出版社1999年版，第2360页。

者，虚而待物者也"①。对事物不要仅听之于耳，虑之以心，更要待之以气。待之以气就是"虚而待物"，就是庖丁解牛的境界。以上这些说法应该说启发了孟子提出"塞于天地之间"的"浩然之气"。

综上可见，儒家受到道家的影响是多方面的、深层次的。这种多方面深层次的影响从孔子到《中庸》、到《易传》、到孟子、到荀子愈加明显。他使得儒家哲学无论是讨论主观的问题还是讨论客观的问题，都开始摆脱"夫子之言性与天道，不可得而闻也"，而日益走向本体论化和宇宙论化。所以，道家哲学对儒家哲学的发展贡献是巨大的。

① 《庄子·人间世》，史仲文主编：《中华经典藏书》，北京出版社 1999 年版，第 2365 页。

第四讲
论道家对法家的影响

李耳出函谷关。去哪儿？没有记载。会不会去秦国？不是没有可能。传说《道德经》就是在陕西周至县楼观台写的。另外，史载"（秦献公）十一年，周太史儋见献公曰：'周故与秦国合而别。别五百岁复合。合七十七岁而霸王出。'"[①]周太史儋是被司马迁搜集到的可能是老子的第三个人。虽然后来的学者们多不认同他就是老子，但很多学者认为太史儋篡改过老子的《道德经》，也就是说，太史儋也是道家人物。所以太史儋见秦献公一事多少可以透露出道家好像对秦国有兴趣。秦国又恰恰是最适合实行法家政治的国度。法家和道家都对秦国感

[①]《史记·秦本纪》，中华书局1959年版，第201页。

兴趣，由此可推，法家和道家的思想可以走到一起。司马迁在
《史记》中，把老子与法家申不害、韩非共置于一卷，甚至认
为申不害、韩非思想皆源于老子："太史公曰：老子所贵道，
虚无，因应变化于无为，故著书辞称微妙难识。庄子散道德，
放论，要亦归之自然。申子卑卑，施之于名实。韩子引绳墨，
切事情，明是非，其极惨礉少恩。皆原于道德之意，而老子深
远矣。"①司马迁认为，老子与庄子不同。老子是因道而应万
物，庄子是收万物而归道。老子是用无于有，庄子是以万物归
于自然。司马迁又认为，法家"皆原于道德之意"，也就是法
家原于老子的因道而应万物。笔者以为，司马迁的分析相当透
辟。法家受老子思想的影响如下。

一　贵一

老子贵一。"圣人抱一为天下式。"②圣人抱着"一"方
为天下作表率。"天得一以清，地得一以宁，神得一以灵，谷
得一以盈，万物得一以生，侯王得一以为天下正。"③"一"

① 《史记·老子韩非列传》，中华书局 1959 年版，第 2156 页。
② 《道德经》第二十二章，史仲文主编：《中华经典藏书》，北京出版社 1999 年版，第 2336 页。
③ 《道德经》第三十九章，史仲文主编：《中华经典藏书》，北京出版社 1999 年版，第 2341 页。

是个最抽象的哲学范畴，"一"为何？大也，要也，本也。具体使用可以指许多。凡最大、最主要、最根本者都是"一"。"一"的思维方式也为法家所继承。"守十者乱，守壹者治。"① 即治国抱定十个方针国家就乱，抱定一个方针国家就治。法家"壹"或"一"比老子的"一"更加具体。法家的"壹"或"一"具体是指"统一于"一个标准、一个途径、一个主宰。但就哲学层面上说，法家的"壹"或"一"与老子的"一"是相通的，都有要害、根本、主宰之义。商鞅、韩非等人应该是读过老子的著作，于是从自己的角度对老子"一"做了发挥。

"壹"都包括哪些内容呢？

第一，统一的上升途径——农战。商鞅说："善为国者，其教民也，皆从壹空而得官爵。是故不以农战，则无官爵。国去言则民朴，民朴则不淫。民见上利之从壹空出也，则作壹，作壹则民不偷。民不偷淫则多力，多力则国强。"② 善于治国的人教育人们只能从种地和打仗得到官爵。国家不要空话大话，这样人民才专心一意农战，而不是去变着法子的取巧。"利出一空者，其国无敌；利出二空者，其兵半用；利出十空者民不

---

① 《商君书·靳令第十三》，史仲文主编：《中华经典藏书》，北京出版社1999年版，第4593页。
② 《商君书·农战第三》，史仲文主编：《中华经典藏书》，北京出版社1999年版，第4582页。

守。"①"空"，途径也。为了富国强兵的根本目标，所有的利益的获取都要出自一个途径——农与战。偏离根本目标，途径越多，国家越弱。"圣人知治国之要，故令民归心于农。归心于农，则民朴而可正也。纷纷则易使也，信可以守战也。"②圣人知道治国之要，在农与战。人民专心务农，就朴实而容易治理，忠厚而容易役使，诚信而可以守土，可以战争了。如何使人们"壹"于农战呢？法"壹"，即制度的导向集中于此："国务壹，则民应用。事本抟，则民喜农而乐战。夫圣人之立法化俗，而使民朝夕从事于农也，不可不知也。夫民之从事死制也，以上之设荣名，置赏罚之明也。不用辩说私门而功立矣，故民之喜农而乐战也。见上之尊农战之士，而下辩说技艺之民，而贱游学之人也，故民壹务；其家必富，而身显于国。上开公利而塞私门，以致民力，私劳不显于国，私门不请于君。若此而功名劝，则上令行而荒草辟，淫民止而奸无萌。治国能抟民力而壹民务者强，能事本而禁末者富。"③商鞅主张君主订立的一切制度都统一于尊农战之士。至于擅长于游说、讲学、走后门、耍手艺者，都不再受到重视，不再是富贵之途，唯如此，国家才能强大。

①《商君书·靳令第十三》，史仲文主编：《中华经典藏书》，北京出版社1999年版，第4593页。
②《商君书·农战第三》，史仲文主编：《中华经典藏书》，北京出版社1999年版，第4583页。
③《商君书·壹言第八》，史仲文主编：《中华经典藏书》，北京出版社1999年版，第4589页。

第二，统一的权力。法家强调国家权力统一，韩非说："故明君操权而上重，一政而国治。"[①]这是说君主掌握最高权力，分量才能重；能够制动全局，国家才能治理。然而当时存在着一些削弱君权的因素："万乘之患，大臣太重；千乘之患，左右太信；此人主之所公患也。"[②]万乘大国的祸患在于大臣地位太高；千乘中等国家的祸患在于左右的亲信过分受到君主的倚赖。这些祸患会造成君权受到削弱。这些大臣和左右怎样削弱了君权呢？"人主之所以身危国亡者，大臣太贵，左右太威也。所谓贵者，无法而擅行，操国柄而便私者也。所谓威者，擅权势而轻重者也。此二者，不可不察也。"[③]大臣"太贵"是说大臣蔑视国法，利用权力谋取私利；左右之"威"在于仗着自己的权势随意扬抑他人。所以法家特别强调集权于君。君主集权须掌握"六柄""三器"。"故明王之所操者六：生之杀之，富之贫之，贵之贱之；此六柄者，主之所操也。"[④]"三器者何也？曰：'号令也、斧钺也、禄赏也。'"[⑤]

第三，统一的制度。韩非说："法莫如一而固，使民知

<hr>

[①]《韩非子·心度第五十四》，史仲文主编：《中华经典藏书》，北京出版社1999年版，第4752页。

[②]《韩非子·孤愤第十一》，史仲文主编：《中华经典藏书》，北京出版社1999年版，第4631页。

[③]《韩非子·人主第五十二》，史仲文主编：《中华经典藏书》，北京出版社1999年版，第4750页。

[④]《管子·任法第四十五》，史仲文主编：《中华经典藏书》，北京出版社1999年版，第4491页。

[⑤]《管子·重令第十五》，史仲文主编：《中华经典藏书》，北京出版社1999年版，第4427页。

之。故主施赏不迁，行诛无赦。"①法要统一而稳定，使民众明了，赏罚据法无变。"法者，宪令著于官府，刑罚必于民心，赏存乎慎法，而罚加乎奸令者也，此臣之所师也。"②这是强调法出于君主，让民众意识到刑罚是一种必然，刑罚使任何人都不偏离法。商鞅从三个方面提出了"壹"——尺度："圣人之为国也，壹赏，壹刑，壹教。壹赏则兵无敌。壹刑则令行。壹教则下听上。"③圣人的治国，要三个统一，即统一赏赐，统一刑罚，统一教育。统一赏赐，兵力就无敌。统一刑罚，政令就能实行。统一教育，臣下就服从君上。例如，官爵俸禄的授予，应有进贤黜不肖的统一制度。韩非说："明主之为官职爵禄也，所以进贤材劝有功也。故口：贤材者，处厚禄任大官；功大者，有尊爵受重赏。官贤者量其能，赋禄者称其功。是以贤者不诬能以事其主，有功者乐进其业，故事成功立。"④韩非强调爵禄必须赏赐给真正的能人和有功劳的人。可在当时，这种制度经常遭到破坏。韩非说："今则不然，不课贤不肖，论有功劳，用诸侯之重，听左右之谒，父兄大臣上请爵禄于上，而下卖之以收财利及以树私党。故财利多者买官以为贵，有左右之

---

① 《韩非子·五蠹第四十九》，史仲文主编：《中华经典藏书》，北京出版社1999年版，第4743页。

② 《韩非子·定法第四十三》，史仲文主编：《中华经典藏书》，北京出版社1999年版，第4725页。

③ 《商君书·赏刑第十七》，史仲文主编：《中华经典藏书》，北京出版社1999年版，第4597页。

④ 《韩非子·八奸第九》，史仲文主编：《中华经典藏书》，北京出版社1999年版，第4625—4626页。

交者请谒以成重。功劳之臣不论，官职之迁失谬。是以吏偷官而外交，弃事而财亲。是以贤者懈怠而不劝，有功者堕而简其业，此亡国之风也。"①俸禄官爵的赏赐不讲贤否，有功否，全凭私人交情，关系亲疏。结果是制度破坏，尺度不统一，贤者退，不肖者进，国焉不亡！

第四，思想层次的"一"。韩非对统一尺度的强调进入到哲学层次。他从刑名哲学的角度强调"一"。他说："用一之道，以名为首。名正物定，名倚物徙。故圣人执一以静，使名自命，令事自定。不见其采，下故素正。"②使用"一"的方法是把正名称放在首位。名称端正了，它所代表的事物内容就确定了。名称偏斜了，它所代表的事物就游移不定了。所以圣人治国执掌一个尺度不动，使名称按照这个尺度而自然端正，使名称代表的事物随之而端正。圣人不在尺度之外表现出自己的智能，臣子就朴实纯正不再指望到尺度之外去另外做作、捞取好处。

不仅在哲学，还有道德层次，如果不讲求尺度统一，也会出现是非善恶的混乱。韩非列举："为故人行私谓之不弃，以公财分施谓之仁人，轻禄重身谓之君子，枉法曲亲谓之有行，弃官宠交谓之有侠，离世遁上谓之高傲，交争逆令谓之刚材，行

①《韩非子·八奸第九》，史仲文主编：《中华经典藏书》，北京出版社1999年版，第4626页。
②《韩非子·扬权第八》，史仲文主编：《中华经典藏书》，北京出版社1999年版，第4623页。

惠取众谓之得民。"①这是说，当时民众中流行的所谓道德观念与社会、国家、君主的统一领导是矛盾的。如，利用职权为故旧办私事却被认为是富贵不弃故旧；用公家的财务分施给私人使用却被称为有仁德的人；轻视拿俸禄为国家效力，重视个人为本位的纯洁却被视为君子；扭曲法条迎合亲人却被说成有品行；抛弃公职一心交友却被称为有侠义；远离世俗躲避官方的寻才却被称为有傲骨；互相争斗违反法令却被称为刚烈；施小恩小惠收买人心却被称为得民心。这些行为造成人心混乱，人的行为混乱，破坏了国家建立的秩序。韩非列举这些是要提醒人们，当时流行的所谓道德，与国家的公共利益是相冲突的。例如，"楚之有直躬，其父窃羊而谒之吏，令尹曰：'杀之'，以为直于君而曲于父，报而罪之。以是观之，夫君之直臣，父之暴子也。""君"在法家那里，经常标志着公共利益。韩非讲的楚人的故事，反映了个人孝道与社会公德之间的对立。"鲁人从君战，三战三北，仲尼问其故，对曰：'吾有老父，身死莫之养也。'仲尼以为孝，举而上之。以是观之，夫父之孝子，君之背臣也。故令尹诛而楚奸不上闻，仲尼赏而鲁民易降北。上下之利若是其异也，而人主兼举匹夫之行，而求致社稷之福，必不几矣。"②这个鲁人的故事反映了个人孝道与国家整体

---

① 《韩非子·八说第四十七》，史仲文主编：《中华经典藏书》，北京出版社1999年版，第4734页。

② 《韩非子·五蠹第四十九》，史仲文主编：《中华经典藏书》，北京出版社1999年版，第4743页。

之间利益的对立。这种对立在相当长的时间内存在。荀子曾提到一件事："子发将西伐蔡，克蔡，获蔡侯……既，楚发其赏，子发辞曰：'发诚布令而敌退，是主威也；徙举相攻而敌退，是将威也；合战用力而敌退，是众威也。臣舍不宜以众威受赏。'讥之曰：子发之致命也恭，其辞赏也固。夫尚贤使能，赏有功，罚有罪，非独一人为之也，彼先王之道也，一人之本也，善善恶恶之应也，治必由之，古今一也。古者明主之举大事，立大功也，大事已博，大功已立，则君享其成，群臣享其功，士大夫益爵，官人益秩，庶人益禄。是以为善者劝，为不善者沮，上下一心，三军同力，是以百事成，而功名大也。今子发独不然：反先王之道，乱楚国之法，堕兴功之臣，耻受赏之属，无僇乎族党，而抑卑其后世，案独以为私廉，岂不过甚矣哉！故曰：子发之致命也恭，其辞赏也固。"①楚令尹子发辞赏所依据的道德是以家族内为本位的，为追求和谐而互谅互让的道德。而从超越家族的国家来看，人与人之间没有亲情，虽然有一定的利益共同点，但也有许多利益冲突。制度是大家为了追求更大更长远的利益制定出来的。所以在国家层次上，必须直接靠有契约色彩的制度来平衡利益关系。没有这个制度，国民就无以凝聚，国家就无法维持，君主的统治就失去了根据。由于国家制度的产生是直接平衡利益关系的，对于绝大多

① 《荀子·强国第十六》，史仲文主编：《中华经典藏书》，北京出版社1999年版，第1268页。

数人来说，制度是争夺与妥协的产物，绝对不能够轻易改动。法家强调"一"，就是要维持制度的稳定。表面上看子发的道德行为很高尚，但他破坏了制度本身，使得利益平衡体系遭受破坏，以后没有人再愿意为国家效力。

　　再比如，汉代一些地方所谓"豪侠"之所以能够横行一方，就和地方民众是非观念的颠倒有关。《汉书》记载的郭解干犯法纪，凶残之极。其父亲犯法被处死，其本人年轻时掘坟盗墓，盗铸钱币，杀人匿盗，无恶不作。可他也很江湖，到处行侠仗义，经常帮了别人的忙却还不让人知道。很多人受到他的感化，对之景仰之至。他做了很多违法的事，大家不但不认为他违法，反而主动给予保护。官府抓郭解时常有人给他通风报信。如果有谁说了郭解的坏话，就会有人来杀这个说坏话的人，而且杀这个说坏话的人还不让郭解知道，甘心默默无闻地为郭解解忧。汉武帝迁豪时，郭解应在迁徙之列，将被迁到关中地区。他竟然能够疏通到大将军卫青。卫青为之进言汉武帝，说郭解家贫穷，不属于大豪，不符合迁徙的标准，应留在当地。汉武帝认为，郭解竟然能够疏通将军为他说话，不可能贫困，必须迁。郭解迁往关中时，送行者盈道，赍送钱物者众。有一小官因阻拦送行的人，事后小官本人和他父亲被人杀了。有一个儒生因说了郭解的不是，也被人给杀掉并割了舌头。类似郭解这样的人到处都是。总之，当时社会流行的是非观念常和朝廷相悖。所以法家在道德理念上主张统一的价值标准，即一律以代表国家整体的君主为本位来确定善恶标准。

总之，"一"能够使社会各方面要素统一成为整体，可以有效地解决更多的问题。

二 贵因

"因"是老子的重要哲学。"为学日益，为道日损，损之又损之，以至于无为。无为无不为。取天下常以无事，及其有事，不足以取天下。"①"无为"并非真的什么都不做，而是尽量借用客观自身的力量。例如，利用民众自身的动力让民众过好正常的生活："我无为，人自化；我好静，人自正；我无事，人自富；我无欲，人自朴。"②民众已形成一整套合理的过日子的模式，统治者顺之而已，无需人为另外规定做什么，而是"用人之力"③"以辅万物之自然而不敢为"。在政治上，老子的"因"落实在这样几个操作点上："上善若水。水善利万物，又不争。处众人之所恶，故几于道。居善地，心善渊，

---

① 《道德经》第四十八章，史仲文主编：《中华经典藏书》，北京出版社1999年版，第2344页。

② 《道德经》第五十七章，史仲文主编：《中华经典藏书》，北京出版社1999年版，第2346页。

③ 《道德经》第六十八章，史仲文主编：《中华经典藏书》，北京出版社1999年版，第2349页。

与善人，言善信，政善治，事善能，动善时。夫唯不争，故无尤。"①水是因顺而动，因顺而驻的。人要像水一样，因地、因洼（"渊"）、因人、因实情（"信"）、因社情（"治"）、因人之擅长（"能"）、因时机（"时"）。总之，不刻意做作（"不争"）。老子"因"的思维方式被法家所运用。商鞅说："善因天下之货，以赏天下之人。故曰：明赏不费。"②即统治者用不着刻意破费钱财赏赐民众，而是激发民众的力量获取财富令其自赏。"故圣人之为国也，不法古，不修今，因世而为之治，度俗而为之法。故法不察民之情而立之，则不成；治宜于时而行之，则不干。"③统治者治国不应刻意复古或循今，而应顺乎民情，合于时势。"古之民朴以厚，今之民巧以伪。故效于古者，先德而治；效于今者，前刑而法；此世之所惑也。"④古代民情适合于用"德"治，当今之民情适合于刑罚。韩非关于"因"的说法比商鞅更进一步充分。韩非首先指出人的能力再大也存在着局限性，所以必须因顺外力："天下有信数三：一曰智有所不能立，二曰力有所不能举，三曰强有所不能胜。故虽有尧之智，而无众人之助，大功不立。有乌获之

---

① 《道德经》第八章，史仲文主编：《中华经典藏书》，北京出版社1999年版，第2333页。

② 《商君书·赏刑第十七》，史仲文主编：《中华经典藏书》，北京出版社1999年版，第4597页。

③ 《商君书·壹言第八》，史仲文主编：《中华经典藏书》，北京出版社1999年版，第4589页。

④ 《商君书·开塞第七》，史仲文主编：《中华经典藏书》，北京出版社1999年版，第4588页。

劲，而不得人助，不能自举。有贲、育之强，而无法术，不得长生。故势有不可得，事有不可成。故乌获轻千钧而重其身，非其身重于千钧也，势不便也；离朱易百步而难眉睫，非百步近而眉睫远也，道不可也。故明主不穷乌获，以其不能自举；不困离朱，以其不能自见。因可势，求易道，故用力寡而功名立。"①人类虽然不乏高人，但无论如何都智有所不足，力有所不足，承受度有所不足。所以，英明的君主不一味指望得一两个超人的神功，而是"因"众人之助。

从哲学方法论的角度，韩非说："非天时虽十尧不能冬生一穗，逆人心虽贲、育不能尽人力。故得天时则不务而自生，得人心则不趣而自劝，因技能则不急而自疾，得势位则不进而名成。若水之流，若船之浮，守自然之道，行毋穷之令，故曰明主。"②这是说，无论做什么事情，都要"因"势而行。首先要"因"时而动："圣人不期修古，不法常可，论世之事，因为之备。"③"事因于世，而备适于事。""论世之事，因为之备。""故事因于世，而备适于事。"④这也是说，治世要顺应时代和世事，不要一味复古。

①《韩非子·观行第二十四》，史仲文主编：《中华经典藏书》，北京出版社1999年版，第4661页。

②《韩非子·功名第二十八》，史仲文主编：《中华经典藏书》，北京出版社1999年版，第4665页。

③《韩非子·五蠹第四十九》，史仲文主编：《中华经典藏书》，北京出版社1999年版，第4742页。

④《韩非子·五蠹第四十九》，史仲文主编：《中华经典藏书》，北京出版社1999年版，第4742页。

　　韩非把"因"的内容进一步扩展到对宇宙各个领域的应对。"古之全大体者：望天地，观江海，因山谷，日月所照，四时所行，云布风动；不以智累心，不以私累己；寄治乱于法术，托是非于赏罚，属轻重于权衡；不逆天理，不伤情性；不吹毛而求小疵，不洗垢而察难知；不引绳之外，不推绳之内；不急法之外，不缓法之内；守成理，因自然；祸福生乎道法而不出乎爱恶，荣辱之责在乎己，而不在乎人。"①韩非的"因"从自然起始，到治国安邦，到自己的思维方式。行事要望天地、观江海，因顺昼夜阴晴、春夏秋冬、风云变幻；因顺法规治理、按是非赏罚、依标准定主次；不违反自然之理、不伤害自然性情；不人为地寻疵改过；依法而行，不出离法、不过分苛刻地使用法、荣辱祸福取决于自己是否遵循理和法，不讲个人好恶。

　　当然，法家的"因"与老子的"因"仍有很大不同。老子的"因"是事物自身的规律和本性；法家的"因"更多地是人为制定的规范——法。法家"因"法是为了减少个人的情感和偶然性要素干扰行政的规范性。商鞅说："法令者，民之命也，为治之本也，所以备民也。"②"昔之能制天下者，必先制其民者也；能胜强敌者，必先胜其民者也。故胜民之本在制民，若冶于金，陶于土也。本不坚，则民如飞鸟走兽，其孰能制之？

<hr />

① 《韩非子·大体第二十九》，史仲文主编：《中华经典藏书》，北京出版社1999年版，第4666页。

② 《商君书·定分第二十六》，史仲文主编：《中华经典藏书》，北京出版社1999年版，第4609页。

民本，法也。"①法家竭力把法家的"法"与自然物及自然规律相连接相等同。

三　自虚

法家对道家的"虚"的境界颇为重视。韩非注解《老子》："空窍者，神明之户牖也。耳目竭于声色，精神竭于外貌，故中无主。中无主则祸福虽如丘山无从识之，故曰：'不出于户，可以知天下；不窥于牖，可以知天道。此言神明之不离其实也。'"②韩非认为，"虚"对于统治者有这样一些启发。

（一）虚已方能求实

"道者万物之始，是非之纪也。是以明君守始以知万物之源，治纪以知善败之端。"③万物都有共同的原始基因，它就是每一物未来的性质和发展趋势的源头，它就是"道"。主体一开始必须与"道"合一，才能不悖于事，这是基点。主体如

---

① 《商君书·画策第十八》，史仲文主编：《中华经典藏书》，北京出版社 1999年版，第4599页。
② 《韩非子·喻老第二十一》，史仲文主编：《中华经典藏书》，北京出版社1999年版，第4652页。
③ 《韩非子·主道第五》，史仲文主编：《中华经典藏书》，北京出版社 1999年版，第4619页。

何与"道"合一从而化为"道"？摒除杂乱之虑，心无喜怒哀乐之情有如虚静之心待事。这也就是老子所说的"涤除玄鉴"达到"无疵"。心无杂念，清如明镜，事物本来面目自然呈现。"故虚静以待令（'令'为衍字），令名自命也，令事自定也。"①心无旁骛、无喜怒哀乐之情，既不受片面性干扰，也不受情感干扰，对事物的命称及运行方式和范围的认识，自然合乎事物性质。"虚则知实之情，静则知动者正。有言者自为名，有事者自为形，形名参同，君乃无事焉，归之其情。"②君主以虚静之心应物，则事物的实情立现眼前；心不浮躁，就能如合符节地反映外物，且应对之举措得当。

　　虚已方能够不受成见干扰。老子说："涤除玄鉴，能无疵乎？"③清扫微妙之心，能使之无丝毫成见吗，同时也是说能够不受主观的情绪干扰吗？"致虚极，守静笃。万物并作，吾以观复。"④内心达到最虚廓的程度，就能实实在在地保持静观。对杂然并起的万物，就能看出他们的归宿。为了保证法的彻底贯彻，必须防止主观情感在行法过程中的干扰。黄老道家说："圣人裁物，不为物使。心安，是国安也。心治，是国

①《韩非子·主道第五》，史仲文主编：《中华经典藏书》，北京出版社1999年版，第4619页。

②《韩非子·主道第五》，史仲文主编：《中华经典藏书》，北京出版社1999年版，第4619页。

③《道德经》第十章，史仲文主编：《中华经典藏书》，北京出版社1999年版，第2333页。

④《道德经》第十六章，史仲文主编：《中华经典藏书》，北京出版社1999年版，第2335页。

治也。治也者心也。安也者心也。"①韩非举了个反面的例子："昔者弥子瑕有宠于卫君。卫国之法，窃驾君车者罪刖。弥子瑕母病，人闲往夜告弥子，弥子矫驾君车以出，君闻而贤之曰："孝哉，为母之故，忘其刖罪。"异日，与君游于果园，食桃而甘，不尽，以其半啖君，君曰："爱我哉，忘其口味，以啖寡人。"及弥子色衰爱弛，得罪于君，君曰："是固尝矫驾吾车，又尝啖我以余桃。"故弥子之行未变于初也，而以前之所以见贤，而后获罪者，爱憎之变也。故有爱于主则智当而加亲，有憎于主则智不当见罪而加疏。"②弥子瑕做的事情没有变，但卫君对他的情感变了，所以对事物的定性相反，处理也相反。黄老道家说："耳目不淫，心无他图。正心在中，万物得度。"③"正心在中，万物得度。"就是说，消除成见，正确判断，正确应对。这是贯彻法治所必需的主体性的前提。

虚己求实也包括用人得当。韩非说："权不欲见，素无为也。事在四方，要在中央。圣人执要，四方来效。虚而待之，彼自以之。……夫物者有所宜，材者有所施，各处其宜，故上下无为。使鸡司夜，令狸执鼠，皆用其能，上乃无事。"④权谋

①《管子·心术下第三十七》，史仲文主编：《中华经典藏书》，北京出版社1999年版，第4480页。

②《韩非子·说难第十二》，史仲文主编：《中华经典藏书》，北京出版社1999年版，第4633页。

③《管子·内业第四十九》，史仲文主编：《中华经典藏书》，北京出版社1999年版，第4496页。

④《韩非子·扬权第八》，史仲文主编：《中华经典藏书》，北京出版社1999年版，第4623页。

不要显露出来，而应该任其自然，无所作为。具体事务由各地去做，君主把握其根本；君主把握住根本的原则和方向，下属各骋其能。君主不干预具体事物，任彼发挥。万物都有其适用之处，才干都有所发挥之点，若各得其位得其用，上下都避免心绪旁骛，无谓地耗费心思，干扰正常工作。

（二）虚己以不为臣下所乘

君主只有保持虚静状态才能有效地减少周围人对君主认知和决策的干扰。韩非说："故人主好贤，则群臣饰行以要群欲，则是群臣之情不效；群臣之情不效，则人主无以异其臣矣。故越王好勇而民多轻死；楚灵王好细腰而国中多饿人；齐桓公妒外而好内，故竖刁自宫以治内；桓公好味，易牙蒸其子首而进之；燕子哙好贤，故子之明不受国。故君见恶，则群臣匿端；君见好，则群臣诬能。人主欲见，则群臣之情态得其资矣。"[1]君主喜爱贤能的人，群臣就粉饰以贤的样态迎合君主的喜好。群臣忙于饰伪迎合，真实面目不露，君主无从正确把握实情正确决策。例如，越王勾践喜爱勇者，民众中就涌现出许多亡命之徒；楚灵王喜欢腰细的女子，楚国许多女子便经常饿肚子追求细腰；齐桓公担心大臣们觊觎自己的后宫，竖刁就把自己变成阉人为之打理后宫之事；齐桓公爱美食，易牙就蒸

---

[1]《韩非子·二柄第七》，史仲文主编：《中华经典藏书》，北京出版社1999年版，第4622页。

了自己儿子的头进献；燕王子哙爱好有贤德名望者，燕相子之便假装不接受燕王的禅让。所以君主对什么事流露出厌恶，群臣即刻对之屏蔽这方面的事情。君主对什么事表现出爱好，群臣就刻意雕饰自己有这方面的才能。君主只要有所表露，群臣立即有所借乘。总之，"君无见其所欲。君见其所欲，臣自将雕琢；君无见其意，君见其意，臣将自表异。故曰：去好去恶，臣乃见素，去旧去智，臣乃自备。故有智而不以虑，使万物知其处；有行而不以贤，观臣下之所因；有勇而不以怒，使群臣尽其武。是故去智而有明，去贤而有功，去勇而有强。群臣守职，百官有常，因能而使之，是谓习常"①。君主不要表现出自己的欲望。君主表现出自己的欲望，臣下将粉饰自己的言行来迎合君主的欲望；君主不要表露出自己的想法，君主表露出自己的想法，臣下将利用君主的想法而独自表现出异常的才能。所以，说君主不流露出自己的爱好，不显露自己的厌恶，臣下就会表露出真情。君主不露自己的心机和智慧，臣下自然周备不偏。所以君主有智而不用，有德而不显，有勇也不逞，让臣子无所因乘，做事只能如实地展示自己。"故曰：寂乎其无位而处，漻乎莫得其所。明君无为于上，群臣竦惧乎下。明君之道，使智者尽其虑，而君因以断事，故君不穷。"②所以说君主

① 《韩非子·主道第五》，史仲文主编：《中华经典藏书》，北京出版社 1999 年版，第 4619 页。
② 《韩非子·主道第五》，史仲文主编：《中华经典藏书》，北京出版社 1999 年版，第 4619 页。

寂静不显现其所处之位，君主行事跨度无穷让人莫得其所。居上的君主毋先物动，居下的臣子不知所乘而恐惧。明君之道就是让聪明的臣子把精力全用在贡献才智上，不要只想琢磨和应对君主。君主根据情况作出决断，才不会置自己于不利状态。臣子们面对君主既无法投其所好，也无所乘隙，只能实事求是地履行职责。君主行"道"，"道"无形难以捕捉。君主如同无形之"道"，行事不露痕迹，故臣下无所乘。

逞能是许多君主的致命弱点。赵简子定要和王良竞赛驾驭技术，秦武王举鼎绝膑，明武宗手搏虎豹、亲自率兵与蒙古军队作战。如此便会为臣下所乘。韩非说："上有所长，事乃不方。矜而好能，下之所欺。辩惠好生，下因其材。上下易用，国故不治。"[1]君主自以为有所长非要施展，办事的讲法一定会遭到破坏。因为臣子利用君主的自以为是好逞能诱导君主走向一偏。君主如果善辩聪敏且好表现出来，臣子就会因而导之，使利于己。君用臣错位成臣用君，国家不治。

"道在不可见，用在不可知。虚静无事，以暗见疵。……掩其迹，匿其端，下不能原；去其智，绝其能，下不能意。……绝其能望，破其意，毋使人欲之。"[2]君主的驾驭之道让臣子看不见，道的运用让臣子无以知晓。给人以虚静无为的

---

[1]《韩非子·扬权第八》，史仲文主编：《中华经典藏书》，北京出版社1999年版，第4623页。

[2]《韩非子·主道第五》，史仲文主编：《中华经典藏书》，北京出版社1999年版，第4619页。

印象，实则暗中究查臣子的过错。君主包藏踪迹隐匿端痕，臣下无法溯源出君主初衷；外表去智绝能，臣下无法揣摩君意。

　　韩非进一步告诫，如果不能虚己，不仅为臣子所乘，还会陷入危境。"不谨其闭，不固其门，虎乃将在。"① 君主稍有不慎，行事显情，欲乘者即生。欲乘者，虎也。何为"虎"？"弑其主，代其所，人莫不与，故谓之虎。"② 杀君篡位挟持众臣就是"虎"。君不露痕迹，"虎"无所乘。

（三）虚己才能不为欲望所制

　　老子说："圣人去甚，去奢，去泰。"③ 圣人戒极端、戒张扬、戒过分，而过分的欲望享受容易促使君主"甚"、"奢"、"泰"。"夫香美脆味，厚酒肥肉，甘口而病形；曼理皓齿，说情而捐精。故去甚去泰，身乃无害。"④ 芳香甜美酥脆的食物，醇厚美酒，鲜嫩适口的肉，虽然顺口，过多地饮食会伤害身体。皮肤细腻柔滑，牙齿洁白的美女虽然令人情迷，但过度沉溺会损失精气。君主享乐必须适可而止，不能过分。韩非以商纣王为例："昔者纣为象箸而箕子怖，以为象箸必不加

① 《韩非子·主道第五》，史仲文主编：《中华经典藏书》，北京出版社1999年版，第4619页。

② 《韩非子·主道第五》，史仲文主编：《中华经典藏书》，北京出版社1999年版，第4619页。

③ 《道德经》第二十九章，史仲文主编：《中华经典藏书》，北京出版社1999年版，第2338页。

④ 《韩非子·扬权第八》，史仲文主编：《中华经典藏书》，北京出版社1999年版，第4623页。

于土铏，必将犀玉之杯；象箸玉杯必不羹菽藿，必旄、象、豹胎；旄、象、豹胎必不衣短褐而食于茅屋之下，则锦衣九重，广室高台。"[1]从前商纣王使用象牙做的筷子，箕子就忧虑了。他看到这是欲望膨胀的开始。接踵而来的是生活愈益奢华。有了象牙筷子就必不再使用土碗，而要配之以犀牛角和玉石做的碗；高级碗筷必不再吃豆菜蔬食，而要配上异兽之胎；吃异兽之胎，必配之以锦衣多重和广厦豪宅。韩非批评商纣王享乐不知适可而止，愈加过分，以致搞肉林酒池，直至亡国。法家并不反对君主享乐，只是提醒他们"去甚去泰"适可而止。

四　贵势

"天下皆谓我道大"[2]，"执大象，天下往"[3]。君主手里所具有的 "大"、"大象"，就是"势"其"用之不足既"。"重为轻根，静为躁君。君子终日行不离辎重。"[4]君子切记

---

[1]《韩非子·喻老第二十一》，史仲文主编：《中华经典藏书》，北京出版社 1999年版，第4652页。

[2]《道德经》第六十七章，史仲文主编：《中华经典藏书》，北京出版社 1999年版，第2349页。

[3]《道德经》第三十五章，史仲文主编：《中华经典藏书》，北京出版社 1999年版，第2339页。

[4]《道德经》第二十六章，史仲文主编：《中华经典藏书》，北京出版社 1999年版，第2337页。

终日不能离开自己的厚重根基。这个根基是"道"，也可以说
就是"势"。"大丈夫处其厚，不居其薄；处其实，不居其
华。"①"处其厚"、"处其实"包含着乘"势"之意。法家思
想家慎到捕捉到这个信息，顺着这个逻辑提出了贵"势"的思
想。他说："故腾蛇游雾、飞龙乘云、云罢雾霁、与蚯蚓同、
则失其所乘也。故贤而屈于不肖者，权轻也。不肖而服于贤
者、位尊也。尧为匹夫，不能使其邻家。至南面而王，则令行
禁止。由此观之，贤不足以服不肖，而势位足以屈贤矣。故无
名而断者，权重也。弩弱而矰高者，乘于风也。身不肖而令行
者、得助于众也。"②乘势思想在老子那里并不突出，但被慎
到突出出来并加以展开。他把老子对"道"的乘势改造成自然
物和人对于周围条件的依托与利用。蛇腾游于雾气中，龙奋飞
于浓云中，一旦云开雾散，龙蛇即落地，与小小的蝼蚁蚯蚓没
什么两样。因为他们失去了所依凭的云雾之势。能干的人制服
不了不能干的人，而不能干的人只要有了势位就足以压倒能干
的人。尧号令天下不是靠什么道德，而是靠势位。慎到之前商
鞅亦有此发挥："先王不恃其强，而恃其势；不恃其信，而恃其
数。今夫飞蓬，遇飘风而行千里，乘风之势也。探渊者知千仞
之深，县绳之数也。故托其势者，虽远必至；守其数者，虽深

---

① 《道德经》第三十八章，史仲文主编：《中华经典藏书》，北京出版社 1999 年
版，第 2341 页。
② 《慎子·内篇》，《四部丛刊初编·子部》，书同文数字化技术有限公司光盘
版 1998 年 2 月。

必得。今夫幽夜，山陵之大，而离娄不见；清朝日撖，则上别飞鸟，下察秋毫。故目之见也，托日之势也。得势之至，不参官而洁，陈数而物当。"①古代帝王不倚仗他的坚强，而倚仗他的势力；不倚仗他的信用，而倚仗他的规则。如同蒿草叶乘旋风之势飘行千里。慎到的说法被韩非继续发挥："贤人而诎于不肖者，则权轻位卑也；不肖而能服于贤者，则权重位尊也。尧为匹夫不能治三人，而桀为天子能乱天下，吾以此知势位之足恃，而贤智之不足慕也。夫弩弱而矢高者，激于风也；身不肖而令行者，得助于众也。尧教于隶属而民不听，至于南面而王天下，令则行，禁则止。由此观之，贤智未足以服众，而势位足以诎贤者也。""夫尧、舜生而在上位，虽有十桀、纣不能乱者，则势治也；桀、纣亦生而在上位，虽有十尧、舜而亦不能治者，则势乱也。"故曰："势治者，则不可乱；而势乱者，则不可治也。"②传说中的贤德之君尧并非是靠贤德服天下，而是靠权位。孔子的境遇也是如此："鲁哀公，下主也，南面君国，境内之民莫敢不臣。民者固服于势，诚易以服人，故仲尼反为臣，而哀公顾为君。仲尼非怀其义，服其势也。故以义则仲尼不服于哀公，乘势则哀公臣仲尼。"③"势"仅仅是指人多吗？不！商鞅理解的

----

① 《商君书·禁使第二十四》，史仲文主编：《中华经典藏书》，北京出版社1999年版，第4606页。

② 《韩非子·难势第四十》，史仲文主编：《中华经典藏书》，北京出版社1999年版，第4721—4722页。

③ 《韩非子·五蠹第四十九》，史仲文主编：《中华经典藏书》，北京出版社1999年版，第4743页。

“势”是君主驾驭群臣的权力：“今恃多官众吏，官立丞监。夫置丞立监者，且以禁人之为利也；而丞监亦欲为利，则以何相禁？故恃丞监而治者，仅存之治也。通数者不然，别其势，难其道。故曰：‘其势难匿者，虽跖不为非焉。’故先王贵势。”[①]如今国君治国多是依靠官吏众多，官吏之外还加上监督人员防止官吏谋取私利，但是官吏和监督人员同样想谋取私利。所以光靠官员多，解决不了问题，重要的还是驾驭官员的权力的运用。所以，君主的“势”就是权力。法家重“势”虽然在某种程度上是对道家的继承，但这个“势”与老子的“大象”还是有着根本的区别。“大象”指的是软实力，“势”指的是硬实力。

五 愚民

老子说：“是以圣人之治，虚其心，实其腹，弱其志，强其骨。常使民无知无欲，使夫智者不敢为也。”[②]圣人之当为与不当为有一定的标准，这个标准在当时就是民众的基本需求——吃饱、体键、无是是非非、无忧虑。“古之善为道者，非以明

---

① 《商君书·禁使第二十四》，史仲文主编：《中华经典藏书》，北京出版社1999年版，第4606页。

② 《道德经》第三章，史仲文主编：《中华经典藏书》，北京出版社1999年版，第2331页。

民，将以愚之。民之难治，以其智多。故以智治国，国之贼；不以智治国，国之福。"①老子所主张的"愚之"，是让老百姓安分踏实地过好自己的生活，不要整天想着怎样投机取巧。老子反对的智慧是那些无助于提高老百姓生活水平的歪门邪道。法家进一步具体叙述了一些大的歪门邪道及其不良后果。商鞅说："今境内之民皆曰：'农战可避，而官爵可得也。'是故豪杰皆可变业，务学《诗》、《书》，随从外权，上可以得显，下可以求官爵；要靡事商贾，为技艺，皆以避农战。具备，国之危也。民以此为教者，其国必削。"②现在国内的民众都说，有躲避农战且取得官爵的诀窍。因此才干突出的人都改换职业，诵读诗书、依托外国势力，高者得显位，低者也可得一官半职。小民经商、耍手艺也为了避开农战。具备了这些情况，国家就危险。以此为民众的导向，国土必被侵削。学习诗书有什么不好吗？当时的情况是，这些学习诗书者目的不是寻求人民的福祉，而是骗取高待遇，不劳而获。韩非举例："王登为中牟令，上言于襄主曰：'中牟有士曰中讲、胥己者，其身甚修，其学甚博，君何不举之？'主曰：'子见之，我将为中大夫。'相室谏曰：'中大夫，晋重列也。今无功而受，非晋臣之意。君其耳而未之邪！'襄主曰：'我取登，既耳而目之矣，登之

①《道德经》第六十五章，史仲文主编：《中华经典藏书》，北京出版社1999年版，第2348页。
②《商君书·农战第三》，史仲文主编：《中华经典藏书》，北京出版社1999年版，第4582页。

所取又耳而目之，是耳目人绝无已也。'王登一日而见二中大夫，予之田宅。中牟之人弃其田耘、卖宅圃而随文学者，邑之半。"①中牟县令王登向赵襄子推荐中讲、胥己两个读书人，说他们人品好，学识渊博，应予提拔。赵襄子相信王登，也就相信他所推荐的人。中讲、胥己只因有德有学问而爵禄双得。他们个人该不该升官尚毋须论，问题是这带动了民众不再好好种田，纷纷卖掉田宅，投机取巧研究所谓的学问，从此好逸恶劳成风。韩非接着说："今修文学、习言谈，则无耕之劳、而有富之实，无战之危、而有贵之尊，则人孰不为也？是以百人事智而一人用力，事智者众则法败，用力者寡则国贫，此世之所以乱也。"②民众都把读书当作求功名、避农战的捷径，轻取富贵，老实劳动的农民负担反而加重，国家一步步贫弱。所以法家强调："善为国者，仓廪虽满，不偷于农；国大、民众，不淫于言。则民朴壹。民朴壹，则官爵不可巧而取也。不可巧取，则奸不生。奸不生，则主不惑。"③国君一定要牢牢抓住一个中心——农业生产。无论国家多么富裕，土地多么辽阔，人口多么繁众，绝不改变。使君主偏离中心的最大诱惑是那些动听的论说，君主绝不能受其蛊惑。"国之大臣诸大夫，博闻辨慧游

---

① 《韩非子·外储说左上第三十二说四》，史仲文主编：《中华经典藏书》，北京出版社1999年版，第4684页。

② 《韩非子·五蠹第四十九》，史仲文主编：《中华经典藏书》，北京出版社1999年版，第4744页。

③ 《商君书·农战第三》，史仲文主编：《中华经典藏书》，北京出版社1999年版，第4582页。

居之事，皆无得为；无得居游于百县，则农民无所闻变见方。农民无所闻变见方，则知农无从离其故事，而愚农不知，不好学问。愚农不知，不好学问，则务疾农。知农不离其故事，则草必垦矣。"①不允许国中的大臣和大夫们追求见闻多，善谈论，有智慧，闲居游逛。农民听不到什么怪论，看不到什么特异质能，就不会整日想着怎么投机取巧，而是一心务农。"民不贵学则愚，愚则无外交，无外交则勉农而不偷。民不贱农，则国安不殆。国安不殆，勉农而不偷，则草必垦矣。"②民众都不去追逐投机取巧的学问而保持纯朴，纯朴就都踏踏实实地从事农业，解决好生活问题。上述法家的分析和结论都可以视为对老子愚民政治主张的具体诠释。总的看，法家反对文化学习并非是针对社会文明本身，而是反对文化脱离民众的生存要求，鼓励懒汉，沦为毒化社会风气，危害国家的手段。

六　法自然

老子说："道法自然。"③所谓"道法自然"可以理解为：

---

① 《商君书·垦令第二》，史仲文主编：《中华经典藏书》，北京出版社1999年版，第4580页。

② 《商君书·垦令第二》，史仲文主编：《中华经典藏书》，北京出版社1999年版，第4580页。

③ 《道德经》第二十五章，史仲文主编：《中华经典藏书》，北京出版社1999年版，第2337页。

"故从事于道者，同于道；德者，同于德；失者，同于失。同于道者，道亦乐得之；同于德者，德亦乐得之；同于失者，失亦乐得之。"①"道"的自然就是从事于什么事情就按照那个事情自身的固有规律去做，使对方与我和乐相处。从事于"道"（宏观），就按"道"的本性去做，"道"与我和乐；从事于"德"（微观），就按"德"的本性去做，"德"与我和乐；从事于"失（淘汰）"，就按"失"的本性去做，"失"亦与我和乐。"以身观身，以家观家，以乡观乡，以邦观邦，以天下观天下。"②这是说，要根据个人的情况对待个人，根据家族的情况对待家族，根据一乡的情况对待一乡，根据一侯国的情况对待一侯国，根据天下的情况对待天下。

"古者民藂生而群处乱，故求有上也。然则天下之乐有上也，将以为治也。今有主而无法，其害与无主同；有法不胜其乱，与无法同。天下不安无君，而乐胜其法，则举世以为惑也。夫利天下之民者，莫大于治；而治莫康于立君；立君之道，莫广于胜法；胜法之务，莫急于去奸；去奸之本，莫深于严刑。故王者以赏禁，以刑劝；求过不求善，藉刑以去刑。"③商鞅将老子的顺自然发展为与时俱进。古代社会民众而事繁，

<hr>

① 《道德经》第二十三章，史仲文主编：《中华经典藏书》，北京出版社1999年版，第2337页。
② 《道德经》第五十四章，史仲文主编：《中华经典藏书》，北京出版社1999年版，第2345页。
③ 《商君书·开塞第七》，史仲文主编：《中华经典藏书》，北京出版社1999年版，第4588页。

百姓需要一个君主来使大家谐调。协调不能没有制度故君主需要立法。法度不严明法就如同虚设。法度严明就必须肃清破坏法度的奸人。韩非的论说更加详尽清晰。人类为什么互相争夺？这是自然趋势："古者丈夫不耕，草木之实足食也；妇人不织，禽兽之皮足衣也。不事力而养足，人民少而财有余，故民不争。是以厚赏不行，重罚不用而民自治。今人有五子不为多，子又有五子，大父未死而有二十五孙，是以人民众而货财寡，事力劳而供养薄，故民争，虽倍赏累罚而不免于乱。"①人类相互争夺并非是由于主观愿意如此，而是由客观原因所造成的。这个客观原因就是随着人口的快速繁殖，供给人类消费的物质资料日益匮乏。

人民为什么争夺统治地位？也并非天生好此。"尧之王天下也，茅茨不翦，采椽不斲，粝粢之食，藜藿之羹，冬日麑裘，夏日葛衣，虽监门之服养，不亏于此矣。禹之王天下也，身执耒臿以为民先，股无胈，胫不生毛，虽臣虏之劳不苦于此矣。以是言之，夫古之让天子者，是去监门之养而离臣虏之劳也，古传天下而不足多也。今之县令，一日身死，子孙累世絜驾，故人重之；是以人之于让也，轻辞古之天子，难去今之县令者，薄厚之实异也。"②上古时代尧、禹虽贵为天子，但生活

① 《韩非子·五蠹第四十九》，史仲文主编：《中华经典藏书》，北京出版社1999年版，第4742页。
② 《韩非子·五蠹第四十九》，史仲文主编：《中华经典藏书》，北京出版社1999年版，第4742页。

待遇与百姓没有什么不同。不仅如此，还要整日操劳，为百姓付出大的牺牲。今天则不同，一个小小的县令生前不说，就是亡故之后，子孙几代出门也有马车坐。韩非概括说："世异而事异"，"事异则备变"。时代变了，人们碰到的事情就不一样了；人们碰到的事情不一样了，应对的措施也不一样。韩非并没有否认古代道德之治出现的合理性，但认为那是根源于当时的客观环境而对人类生存和发展状态的因顺。治世之方要因顺人类发展状态的变化，符合不同时代人类的特性。依据这个哲学思维，韩非划分了"上古"、"中世"、"当今"三个不同时代及其相应的三种不同的大的治世法则："上古竞于道德，中世逐于智谋，当今争于气力。"[①]

　　除了在大的治世法则上顺应自然发展的趋势外，在具体的工作方法上法家也讲因顺自然。韩非说："夫物者有所宜，材者有所施，各处其宜，故上下无为。使鸡司夜，令狸执鼠，皆用其能，上乃无事。"[②]对每一物顺其自然固有的长处而用之。不仅因顺每一物之所长，韩非还变换了一个视角，独特地将"名"当作自然，因"名"责求臣下的实绩："用一之道，以名为首，名正物定，名倚物徙。故圣人执一以静，使名自命，令事自定。不见其采，下故素正。因而任之，使自事之；因而予

---

①《韩非子·五蠹第四十九》，史仲文主编：《中华经典藏书》，北京出版社1999年版，第4742页。

②《韩非子·扬榷第八》，史仲文主编：《中华经典藏书》，北京出版社1999年版，第4623页。

之，彼将自举之；正与处之，使皆自定之。"①"名"是自然，臣子做的"事"反过来是人为。人为之事必须符合"名"这个自然。韩非举例："昔者韩昭侯醉而寝，典冠者见君之寒也，故加衣于君之上，觉寝而说，问左右曰：'谁加衣者？'左右对曰：'典冠。'君因兼罪典衣与典冠。其罪典衣，以为失其事也；其罪典冠，以为越其职也。非不恶寒也，以为侵官之害甚于寒。故明主之畜臣，臣不得越官而有功，不得陈言而不当。越官则死，不当则罪。守业其官，所言者贞也，则群臣不得朋党相为矣。"②臣子的职责是君主制定的法则。臣子所做的事情必须顺从这个法则而不偏离职责。韩昭侯之所以"兼罪典衣与典冠"是因为他们都违反了职责从而偏离了君主的治国法则。以上韩非视角的转变使得因顺客观之自然转换为因顺君主主观的治国法则，这就偏离老子的顺自然了。不过，司马迁仍认为这种偏离仍渊源于老子。所以司马迁说："韩子引绳墨，切事情，明是非，其极惨礉少恩。皆原于道德之意，而老子深远矣。"③

① 《韩非子·扬榷第八》，史仲文主编：《中华经典藏书》，北京出版社1999年版，第4623页。
② 《韩非子·二柄第七》，史仲文主编：《中华经典藏书》，北京出版社1999年版，第4622页。
③ 《史记·老子韩非列传》，中华书局1959年版，第2156页。

第五讲
老子与庄子思想之同异

　　一说到道家，人们常常是老庄并提，现在就探讨两者的同异。

　　《庄子》一书比较真实地反映庄子思想的据说是内七篇，所以笔者主要根据内七篇述说老庄之同异。由于笔者学术根底浅薄，没有能力诠释《庄子》，在许多地方，多依托邵汉明著的《名家讲解庄子》（长春出版社 2007年版）中对庄子文字的讲解，来表达笔者的见解。

一 《逍遥游》——生命力的体现

　　"无待"即什么都不依赖，这是事物生命力最充分的体现。文中浪漫地构想出超物 ——"北冥有鱼，其名为鲲。鲲之大，不知其几千里也。化而为鸟，其名为鹏。鹏之背，不知其几千里也；怒而飞，其翼若垂天之云。是鸟也，海运则将徙于南冥。《齐谐》者，志怪者也。《谐》之言曰：'鹏之徙于南冥也，水击三千里，抟扶摇而上者九万里，去以六月息者也。'"①"鲲"—— 大鱼，"鹏"—— 大鸟。两者形状之大、之奇，"鲲" 化而为 "鹏" 飞行之高、之远，现实中所不曾有，无法用自然规律来解释。所以，"鲲"、"鹏" 是神，大 "鹏" 的飞行是 "神迹"。《逍遥游》中还提到了一些超物："楚之南有冥灵者，以五百岁为春，五百岁为秋。"②楚国南面有一只冥海灵龟，人类的两个五百岁只相当于它的一个春秋。"上古有大椿者，以八千岁为春，八千岁为秋。"③远古时期有一棵大椿树，人类的两个八千岁只相当于它的一个春秋。

---

①《庄子·逍遥游》，史仲文主编：《中华经典藏书》，北京出版社 1999年版，第2355页。

②《庄子·逍遥游》，史仲文主编：《中华经典藏书》，北京出版社 1999年版，第2355页。

③《庄子·逍遥游》，史仲文主编：《中华经典藏书》，北京出版社 1999年版，第2355页。

《逍遥游》中还提到了神人："夫列子御风而行，泠然善也，旬有五日而后反。"①列子能够在天上乘风而行，十五天而后落地。还有一个彭祖，据说寿命达八百岁。然而，庄子虽然对这些神人超物的"神迹"极尽渲染，却又看到了他们共同的局限性——"有待"——有所依赖——因为一个什么东西而如此。

这个世界到处都是"有待"。"且夫水之积也不厚，则其负大舟也无力。覆杯水于坳堂之上，则芥为之舟；置杯焉则胶，水浅而舟大也。风之积也不厚，则其负大翼也无力。故九万里，则风斯在下矣，而后乃今培风；背负青天而莫之夭阏者，而后乃今将图南。"②如果积水的深度不够，则无力浮起大船；一个小坑，浮不起杯子，却能够浮起小草。大鹏鸟"水击三千里，抟扶摇而上者九万里"需要乘风，列子也要"御风而行"。由此，庄子指出，上述超物超人无论多么地超常，都要依赖于一定的条件，即"有待"，所以都是有局限性的。

庄子还列举了几个非常非常渺小之物，其中有"蜩（蝉）与学鸠（斑鸠一类）"，"决起而飞，抢榆枋，时则不至而控于地"，即奋起而飞落到不高的榆树和檀树上，有时还飞不到那个高度，只好落地；还有"朝菌""不知晦朔"即见日光就死的菌类不知道一整天的存在；还有"蟪蛄（蝉类）""不知

---

① 《庄子·逍遥游》，史仲文主编：《中华经典藏书》，北京出版社1999年版，第2355页。

② 《庄子·逍遥游》，史仲文主编：《中华经典藏书》，北京出版社1999年版，第2355页。

春秋",即夏生秋死的"蟪蛄"不知道春秋的一个轮回;还有"斥鴳(鹌类)""腾跃而上,不过数仞而下,翱翔蓬蒿之间",即往高了窜也不过几尺,在杂草中飞行。以上这些平凡渺小细微的虫、鸟、菌与"鲲"、"鹏"、"灵龟"、"大椿树"、"彭祖"、"列子"、"尧舜"等令凡人凡物不可企望的超人超物在质上没有差别,只是量上的大小不同而已。

在描述前述"有待"之物的基础上,庄子提出了更高的境界——"无待"即无所依凭。达到这种境界的人是"至人"、"神人"、"圣人"。庄子说:"若夫乘天地之正,而御六气之辩,以游无穷者,彼且恶乎待哉!故曰:至人无己,神人无功,圣人无名。"①如果能够因循天地之本性,顺应气候的变化,游荡于无穷的境域,这样的人还有什么可依凭的呢?庄子提出的最高境界是"无己"——不依赖自己,"无功"——不以建功立业为前进动力,"无名"——不用美名激励自己。总之,不再依赖什么东西作为动力,不再追求什么东西,一切顺应自然。庄子想象了这样一个神人:"藐姑射之山,有神人居焉,肌肤若冰雪,淖约若处子。不食五谷,吸风饮露,乘云气,御飞龙,而游乎四海之外。其神凝,使物不疵疠而年谷熟。"②遥远的"姑射之山"的神人外形动作显示出极端的纯

---

① 《庄子·逍遥游》,史仲文主编:《中华经典藏书》,北京出版社1999年版,第2355页。

② 《庄子·逍遥游》,史仲文主编:《中华经典藏书》,北京出版社1999年版,第2356页。

洁（肌肤洁白、性情纯净）。其超凡入圣之处在于居无人居之地，不消费人间常常匮乏的五谷，只接触取之不尽的风露云气、遨游于不会与世人争地、争食、争名的四海之外。这样的人生存条件降为最低，故而无所匮乏，与人无争。他还有什么要追求的呢？无所追求就无所依赖。无所依赖就是庄子追求的最高境界。庄子接着说："之人也，之德也，将磅礴万物以为一。世蕲乎乱，孰弊弊焉以天下为事！之人也，物莫之伤，大浸稽天而不溺，大旱金石流土山焦而不热。是其尘垢秕糠，将犹陶铸尧舜者也，孰肯以物为事！"①这样的人，其秉性（德性）广博地渗透万物与之混而为一。既然与万物混一无别，万物之中的大水猛火就不存在伤害其的问题！庄子的"神人"无所依赖故无所追求，为什么？通俗地说，"神人"无所依赖无所追求的原因就是生存的条件无穷，不存在依赖与否、追求与否的问题。就像阳光和空气对人是无穷的，人类不存在阳光和空气的匮乏问题，人类从来没有为阳光和空气而争夺。所以，人们意识不到自己对阳光和空气的依赖，不存在追求问题。用这一逻辑推演现实生活，今日中国人的生活水平吃饱饭应该说是没有问题的。如果我仅仅以此为乐，不求其他，那么我何惧！我何求！周围孰荣孰辱孰贵贱高低与我何干！

　　庄子用神话渲染的"神人"不追求什么，不依赖什么，这

---

① 《庄子·逍遥游》，史仲文主编：《中华经典藏书》，北京出版社1999年版，第2356页。

是有生命力的表现。庄子的这个"肌肤若冰雪，淖约若处子"的纯洁的"神人"，追根溯源其实出自老子的"赤子"。"赤子"的生命力也表现在无所欲求，无所依赖。老子说："含德之厚，比于赤子。毒虫不螫，猛兽不据，攫鸟不搏。骨弱筋柔而握固。未知牝牡之合而全作，精之至也。终日号而不嗄，和之至也。"[①] 含"德"深厚的人，如同初生的婴儿，骨软筋柔而不僵；小腿乱踹，拳头牢握，非因毒虫螫、猛兽撕咬、猛禽搏击；小生殖器突然勃起，非因懂得男女交媾。这些都是自身生命力旺盛喷涌激发的突出表现。整日啼哭而嗓音不沙哑，这是自身生命力柔和性的突出表现。小婴儿的超凡之处在于他什么都不为，什么都不追求。老子认为，这才叫做"德"厚，这才叫做生命力最强。庄子的"神人"也是什么都不为，什么都不追求，与老子说的"赤子"是一致的。

庄子的虚玄的"神人"并非不接地气，"神人"的不追求也存在于日常生活中："惠子谓庄子曰：'吾有大树，人谓之樗。其大本拥肿而不中绳墨，其小枝卷曲而不中规矩。立之途，匠者不顾。今子之言，大而无用，众所同去也。'庄子曰：'子独不见狸狌乎？卑身而伏，以候敖者；东西跳梁，不辟高下；中于机辟，死于罔罟。'""今子有大树，患其无用，何不树之于无何有之乡，广莫之野，彷徨乎无为其侧，逍遥乎寝卧其

---

① 《道德经》第五十五章，史仲文主编：《中华经典藏书》，北京出版社 1999 年版，第 2345—2346 页。

下。不夭斤斧，物无害者，无所可用，安所困苦哉！"①狸猫和黄鼠狼上下窜跳捕捉遨游的小动物（包括捕食鸡兔一类的小家畜），总是要追求什么，依赖所追求的东西活着，结果随时会遭人算计，不定什么时候就掉进别人设下的兽网或木笼里。一棵成不了材的臭椿树，从不招人喜欢，不损害人，与世无争，长成了遮荫的大树。狸猫、黄鼠狼、大臭椿树等比喻说明，越是追求利己，越会丢失生命力；越是不求利己，越能够显示出自己的生命力。总之，庄子的"神人"、"大臭椿树"与老子的"赤子"一样，都是生命力的载体。

但是庄子的"神人"与老子的"赤子"仍有所不同。

最浅层次的不同是，老子的"赤子"是现实性的存在，庄子时不时地虚构些神人、神物。

但是，更为重要的是在表达生命力方面，庄子的神人、神物比起老子的"赤子"更贴近现实生活，更容易把握。这表现在两个方面：

第一，老子的"赤子"境界无法追求，庄子的"神人"境界则可以追求。表面上看，庄子的"神人"是毫无现实性的虚构，老子的"赤子"是现实中存在的。可是，实际上老子的"赤子"对多数人来说是可望不可即的，庄子的"神人"则是多数人可以做到的。"赤子"是人的全本能阶段，"赤子"之

---

① 《庄子·逍遥游》，史仲文主编：《中华经典藏书》，北京出版社1999年版，第2356页。

后人就一步步进化，有意识的成分日益增加，所以每一个人在经历了极为短暂的"赤子"阶段后就再也无法倒退回"赤子"。

与"赤子"不同，庄子的"神人"虽然是虚构的，但撩开表层的神的面纱会发现，"神人"境界是可以追求到的。"赤子"为什么无所依赖、无所追求？在老子那里找不到答案。"神人"为什么无所依赖、无所追求？在庄子这里可以找到答案。无论庄子是有意还是无意，他对"神人"的描绘都包含着对这个问题的回答。答案就是，"神人"的生存条件超低、资源数量超大、获取超容易，所以"神人"意识不到对条件的依赖和追求。"神人""不食五谷，吸风饮露，乘云气，御飞龙，而游乎四海之外"。"神人"不吃粮食，只是吸风饮露，这个生活要求超低。风露对人来说是无穷的，就像阳光和空气对人是无穷的一样。人类不存在阳光和空气的匮乏问题，从来没有为阳光和空气而发生争夺，所以人们意识不到自己对阳光和空气的依赖和追求问题。印度人民的伟大领袖圣雄甘地自称把自己降低为零。他在生活上没有高的追求，只吃水煮菠菜，喝点自己养的羊挤出的羊奶，身上裹一块土布。这样的生活条件在当时的印度，最下层的百姓生活也不至于俭省到如此程度。所以，对于圣雄甘地来说，物质生活上他无所依赖无所追求。

再有，前面还说过，"神人"的秉性（德性）广博地渗透到万物与之混而为一。"神人""磅礴万物以为一。世蕲乎乱，孰弊弊焉以天下为事！ 之人也，物莫之伤，大浸稽天而不溺，大旱金石流土山焦而不热"①，即"神人"广博地渗透到万物与之混而为一，不计较彼我区分。既然与万物混一无别，就谁也伤害不了他，不存在大水大旱的伤害问题。我们可以学习"神人"，将自己融合到周围环境中，不算计输赢，与四周和睦相处，自然达到"神人"的境界。

第二，老子打比喻时只是说"赤子"生命力体现在其行为举止不为什么，从而不依赖什么。但对生命力的具体体现述说的还是太贫乏、太单调，而庄子对事物生命力的描绘比老子更加丰富、具体、明了。庄子还进一步地说明，生命力意义不仅仅在于不为什么，不依赖什么，还在于对其他事物有用，在于不但不依赖其他事物，还被其他事物所依赖。事物的生命力在现实生活中如何体现，要看具体情况。如"宋人资讲甫而适诸越，越人断发文身，无所用之。尧治天下之民，平海内之政，往见四子藐姑射之山，汾水之阳，窅然丧其天下焉"②。庄子这里讲的生命力就是对别人有价值。帽子（"讲甫"）是有价值的，那个宋国人的过错是到不戴帽子的越国去卖帽子，帽子再好也体现不出价值。尧是伟大的君主，比起普通人，其价值无穷，但面对无所追求无所依赖的四位"神人"，他的伟大毫无价值。"今夫犛牛，其大若垂天之云。此能为大矣，而

---

① 《庄子·逍遥游》，史仲文主编：《中华经典藏书》，北京出版社1999年版，第2356页。
② 《庄子·逍遥游》，史仲文主编：《中华经典藏书》，北京出版社1999年版，第2356页。

不能执鼠。"大牦牛虽然形巨,但是连个老鼠都不能捉,就这一点来讲,牦牛再大也没有价值。相反,一些被世人不屑一顾的废物,哪怕能够从某一个侧面有体现价值之处,照样是神圣之物。"惠子谓庄子曰:'魏王贻我大瓠之种,我树之成而实五石。以盛水浆,其坚不能自举也。剖之以为瓢,则瓠落无所容。非不呺然大也,我为其无用而掊之。'"庄子批评道:"夫子固拙于用大矣。"庄子的建议是:"今子有五石之瓠,何不虑以为大樽而浮乎江湖,而忧其瓠落无所容?则夫子犹有蓬之心也夫!"就盛东西来说,大葫芦质地脆弱,没有价值。可是如果作为大腰舟用来凫水,可以逍遥于江河,大葫芦转眼就从无用之物变成价值巨大之物。生命力就体现在对他人有价值的方面。

事物的价值在不同的情况下还有大小不同,所以生命力的表现有充分与不充分之分。庄子举例:"宋人有善为不龟手之药者,世世以洴澼絖为事。客闻之,请买其方百金。聚族而谋曰:'我世世为洴澼絖,不过数金;今一朝而鬻技百金,请与之。'客得之,以说吴王。越有难,吴王使之将,冬与越人水战,大败越人,裂地而封之。能不龟手,一也;或以封,或不免于洴澼絖,则所用之异也。"[①]这位祖祖辈辈以漂洗丝絮为生的宋人善于制作使手保持润滑不裂的药。有个人愿花百金购买他的药方。宋人家世世代代漂洗丝絮所得不过数金,现在一下

---

① 《庄子·逍遥游》,史仲文主编:《中华经典藏书》,北京出版社1999年版,第2356页。

就得百金，当然非常乐意。那个买了药方的人把药方拿来为吴国士兵冬天打仗使用，吴国士兵手不龟裂，打败了越国。买了药方的人得到了封侯之赏。同样一个药方，一得百金之价，一得封侯之赏，相差甚巨。这要看在哪儿体现自己的价值，价值体现的大小不同，生命力的表现充分程度也不同。

总之，庄子的《逍遥游》与老子的"赤子"表达的精神是同一个——使生命力表现出来。"赤子"是源，"神人"是流，"赤子"无法把握，"神人"境界可以追求。

二　《齐物论》——"道"之大

庄子在《齐物论》中借用南郭子綦师徒的对话描绘刮风这一自然现象，再现了"道"："（南郭子綦说）夫大块噫气（大地吹气），其名为风。是唯无作（风不刮则已），作则万窍怒呺，而独不闻之翏翏（呼啸）乎？山林之畏佳（形态各异），大木百围之窍穴，似鼻，似口，似耳，似枅，似圈，似臼，似洼者，似污者；激者，謞者，叱者，吸者，叫者，譹者，宎者，咬者。前者唱于而随者唱喁，泠风则小和，飘风则大和，厉风济则众窍为虚。而独不见之调调、之刀刀乎？"狂风骤起，大地山林形态各异。一棵参天古木有无数奇异穴孔，"似鼻，似口，似耳，似枅（柱子上的横木），似圈（圆形），似臼（不规则形）， 似洼（潜坑）者，似污（深坑）者"。这些穴孔发出的声音不同："激者（水冲击声），謞者（大火燃烧声），叱者（怒呵声），吸者（吸气声），叫者（叫喊声），譹者（哀嚎声），宎者（欢笑声），咬者（撕咬声）。前者唱于（起唱）而随者唱喁（应和），泠风则小和（微风和声小），飘风则大和（狂风和声大）。"可突然"厉风济则众窍为虚"，即大风骤停，穴孔里什么都没有，所看到的只是树枝还在摇动，树叶还在抖动（"调调"、"刀刀"）。南郭子綦的弟子颜成子游问老师："地籁则众窍是已，人籁则比竹是已，敢问天籁"。"籁"是人们吹奏的箫，箫管穴孔多样，吹出的声音不同。大地穴孔形状大小深浅不同，发出的声音不同，这叫做"地籁"。人吹奏的竹箫长短粗细气孔多寡不同，吹出的音调不同，这叫做"人籁"。"地籁"是大地穴孔发出的声音，"人籁"是竹箫发出的声音，那么比"地籁"、"人籁"更高的"天籁"是什么呢？南郭子綦回答："夫吹万不同，而使其自己也，咸其自取，怒者其谁邪"[①]"地籁"、"人籁"声音不同是由于风所进入的穴孔不同，但所有的声音都源于谁呢？答案只能是鼓风者，这个鼓风者就是"天籁"。"地籁"、"人籁"虽出自于各自的穴孔，但都是由"天籁"

---

① 《庄子·齐物论》，史仲文主编：《中华经典藏书》，北京出版社1999年版，第2358页。

激发出来的。"天籁"是谁？就是老子的"道"。"道"是巨大的，有多大？大到无法形容。老子说："天下皆谓我道大，似不肖。夫唯大，故似不肖。若肖，久矣其细也夫！"[1]"道"大到不能说像什么，一说像什么，随着时光的流逝，人们就会逐渐感觉到"道"太小了。比如说"道"像蚂蚁，太小；像大象，太巨大了；像高山，大象又太小了；像太平洋，高山又太小了；像地球，太平洋又太小了；像太阳系，地球又太小了；像……总之，"道"所像的东西会不断地被超越，永无截止，所以"道"之大是无限的。"道"之大不能仅仅简单理解为空间之大，更应该理解为"道"是万物的激活者："道生一，一生二，二生三，三生万物。万物负阴而抱阳，冲气以为和。"[2]"生"——激活也。"道"激活一个方面（"一"），一个方面激活另一个方面（"二"），另一个方面激活各个方面的统一体（"三"），各个方面的统一体激活了"万物"。所以万物的激活者最终是"道"。同理，发出无数不同音调的"地籁"、"人籁"也是由"天籁""怒"出来的。

　　"道"激活万物，万物的生命力都来自于"道"，所以万物的存在没有亲疏贵贱。"百骸、九窍、六藏，赅而存焉，吾谁与为亲？汝皆说之乎？其有私焉？如是皆有为臣妾乎？其臣

[1]《道德经》第六十七章，史仲文主编：《中华经典藏书》，北京出版社1999年版，第2349页。

[2]《道德经》第四十二章，史仲文主编：《中华经典藏书》，北京出版社1999年版，第2342页。

妾不足以相治乎？其递相为君臣乎？其有真君存焉？"①我身体上众多的骨节、各个出入孔、各个五脏六腑整体地在我身上，我该跟他们当中的哪一个亲近呢？还是都喜欢呢？还是对其中的某一个有所偏私呢？我把他们都当作我的臣妾呢？他们都是臣妾，彼此能够互相支配吗？或者他们轮流当君臣？或者在他们之外还有真的君主存在？"百骸、九窍、六藏"的形体、功能、所在虽各不同，但都是由生命力的激发而存活，而发挥功能。他们都是生命力的体现，彼此并无亲疏贵贱。就像桌子板凳、衣服裤子、纸和笔、饭和菜、各味药材，对于人的需求来说无法排列亲疏贵贱。由此，庄子指出，每一个人都不要只抬高自己，贬低他人："夫言非吹也，言者有言……"说出的话不等于吹出的风，说话者要表达一定的内容。"道隐于小成，言隐于荣华。故有儒墨之是非，以是其所非而非其所是。"人们说出的话都包含着一定的"道"，可谓有一些成就。可是一旦拘泥于这些成就，夸大这些成就，"道"就被遮掩住了。语言是表达"道"的，但如果过于注重语言的华美形式，语言表达"道"的功能就显示不出来了。儒家、墨家彼此唇枪舌剑的言论争辩，双方各自肯定对方所否定的，否定对方所肯定的。在庄子眼里，儒家、墨家彼此的相互否定就相当于"百骸、九窍、六藏"相互否定，桌子板凳相互否定，衣服裤子相互否定。庄子认为，"物无非彼，物无非是。自彼则不见，自知则

①《庄子·齐物论》，史仲文主编：《中华经典藏书》，北京出版社1999年版，第2358页。

知之。故曰彼出于是，是亦因彼，彼是方生之说也"（所有的事物都是彼，所有的事物也都是此。人们都片面，从彼看不到此，只是从此才看得到此。其实彼此互为其根，互相产生）。虽然，"方生方死，方死方生；方可方不可，方不可方可；因是因非，因非因是（每一个片面存在就是不存在，不存在就是存在；被认可就是不被认可，不被认可就是被认可；有确认他为是的因由就有确认他为非的因由，有确认他为非的因由，就有确认他为是的因由）。是以圣人不由，而照之于天，亦因是也。是亦彼也，彼亦是也。彼亦一是非，此亦一是非。果且有彼是乎哉？果且无彼是乎哉？（所以圣人不从那些相互争斗的各派的是非角度，而要从宇宙整体的角度看问题，因顺宇宙整体。从宇宙整体的角度看此亦是彼，彼亦是此，彼有彼的是非，此有此的是非。果真有彼此的区别吗？果真无彼此的区别吗？）彼是莫得其偶，谓之道枢。枢始得其环中，以应无穷。（是非两者不被看做是对立的，两者都围绕着一个中心——道循环无穷。）是亦一无穷，非亦一无穷也（在这个循环圆周中，是为无穷，非为无穷）。故曰莫若以明（要达到超越是非对立的境界，心必须有贯通包容之明）。"[1]庄子还用"朝三"做比喻："何谓朝三？狙公赋芧，曰：'朝三而暮四。'众狙皆怒。曰：'然则朝四而暮三。'众狙皆说。名实未亏而喜怒

---

[1]《庄子·齐物论》，史仲文主编：《中华经典藏书》，北京出版社 1999 年版，第 2359 页。

为用，亦因是也。是以圣人和之以是非而休乎天钧，是之谓两行。"①养猴的老头对猴子说，早晨给栗子三颗晚上给四颗，众猴皆怒；老头改口说早晨给四颗晚上给三颗，众猴皆喜悦。两种给法虽然不同，但最后的结果没有差别。这一比喻是要说明，从"道"的高度看，差别之物没有差别。"莛与楹，厉与西施，恢恑憰怪，道通为一。"②小草和大门柱，丑女和美女，各种稀奇古怪的东西从"道"的角度看都是一样的。所以，有差别的东西其实不是相互对立的，可以和合为一，即老子说的"冲气以为和"。

但是，庄子的"齐物"与老子的"冲气以为和"不同。

第一，"道"在哪儿？

老子的"道"虽然也是在万物之中加以理解，但老子仍然突出了"道"的超万物性，即"道"为万物之"母"、之"始"，"道""先天地生"，"道生一，一生二"。庄子则不同，他竭力强调"道"不独存，"不先天地生"。"有始也者？有未始有始也者？有未始有夫未始有始也者。有有也者？有无也者？有未始有无也者，有未始有夫未始有无也者。俄而有无矣，而未知有无之果孰有？孰无也？今我则已有谓矣，而未知吾所谓之其果有谓乎？其果无谓乎？"③宇宙有它的开始

①《庄子·齐物论》，史仲文主编：《中华经典藏书》，北京出版社1999年版，第2359页。
②《庄子·齐物论》，史仲文主编：《中华经典藏书》，北京出版社1999年版，第2359页。
③《庄子·齐物论》，史仲文主编：《中华经典藏书》，北京出版社1999年版，第2359页。

吗？宇宙又未曾有它的开始吗？宇宙从来就未曾存在有无开始的问题。宇宙有其规定性？宇宙没有其规定性？宇宙从来就未曾存在过有规定性还是无规定性的问题。突然出现了"有"和"无"，但不知这个"有"和"无"到底是有呢，还是无呢？今天我已经有了说法，但不知道我的说法是说出来了，还是没说出来呢？老子的"道"既是"有"又是"无"，对于"有"和"无"的存在不存在问题，说出与未说出的问题，庄子绕了半天，其实就是要表达"道"不能先天独存。既然"道"不"先天地生"，领会"道"就不能脱离具体事物。东郭子问庄子曰："所谓道，恶乎在？"庄子曰："无所不在。"东郭子曰："期而后可。"庄子曰："在蝼蚁。"曰："何其下邪？"曰："在稊稗。"曰："何其愈下邪？"曰："在瓦甓。"曰："何其愈甚邪？"曰："在屎溺。"①"道"不是单独存在，到万物中去寻找，甚至可以到昆虫、杂草、砖瓦、屎尿等卑贱的物质中寻找。

第二，物之间的关系。

讲到对立面，老子说："有无相生，难易相成，长短相形，高下相盈，音声相和，前后相随。"②即对立面之间相互依赖。老子还说："万物负阴而抱阳，冲气以为和。"③即对立面之间

---

① 《庄子·知北游》，史仲文主编：《中华经典藏书》，北京出版社1999年版，第2416页。

② 《道德经》第二章，史仲文主编：《中华经典藏书》，北京出版社1999年版，第2331页。

③ 《道德经》第四十二章，史仲文主编：《中华经典藏书》，北京出版社1999年版，第2342页。

不是对立，而是和谐。但是，老子并不否认事物之间有差别。如"故善人者，不善人之师；不善人者，善人之资"①。这包含了"善人"与"不善人"的区别。"知其雄，守其雌。""知其白，守其黑。""知其荣，守其辱。"②这包含了"雄"与"雌"、"白"与"黑"、"荣"与"辱"的区别。"知人者智，自知者明。胜人者有力，自胜者强。"③这包含了"知人者"与"自知者"、"胜人者"与"自胜者"的区别。"上德不德，是以有德；下德不失德，是以无德。上德无为而无以为；下德无为而有以为。上仁为之而无以为；上义为之而有以为。上礼为之而莫之应，则攘臂而扔之。"④这包含了"上德"、"下德"、"上仁"、"上义"、"上礼"等的区别。总之，老子虽然讲对立面之间相互依赖转化，但是并未齐一万物。

庄子则不然，其侧重点不是和谐万物，而是同一万物。庄子利用事物的多角度性混一万物："民湿寝则腰疾偏死，鳅然乎哉？木处则惴栗恂惧，猨猴然乎哉？三者孰知正处？（人睡在潮湿处，就会患腰疾偏瘫病，泥鳅是这样吗？人待在树上会惊惧不安，猿猴是这样吗？人、泥鳅、猿猴这三者谁知道哪

① 《道德经》第二十七章，史仲文主编：《中华经典藏书》，北京出版社1999年版，第2337页。
② 《道德经》第二十八章，史仲文主编：《中华经典藏书》，北京出版社1999年版，第2338页。
③ 《道德经》第三十三章，史仲文主编：《中华经典藏书》，北京出版社1999年版，第2339页。
④ 《道德经》第三十八章，史仲文主编：《中华经典藏书》，北京出版社1999年版，第2341页。

个处所合适呢？）民食刍豢，麋鹿食荐，蝍蛆甘带，鸱鸦耆鼠，四者孰知正味？（人喜吃肉，麋鹿喜吃草，蜈蚣喜食一种小蛇，猫头鹰和乌鸦喜食老鼠，这四者谁知道哪种食品的味道好呢？）猿猵狙以为雌，麋与鹿交，鳅与鱼游。毛嫱丽姬，人之所美也，鱼见之深入，鸟见之高飞，麋鹿见之决骤。四者孰知天下之正色哉？（雄猴雌猴为偶，雄鹿雌鹿相交，泥鳅和鱼一起游。毛嫱丽姬是人所喜欢的美女，可是鱼儿、鸟儿、麋鹿见之却逃逸。猴子、麋鹿、泥鳅和鱼、毛嫱和丽姬这四类，谁是真正的漂亮呢？）自我观之，仁义之端，是非之途，樊然淆乱，吾恶能知其辩！（自我而观之，仁义的端绪，是非的途径，纷繁错乱，我怎能知道他们的区别呢？）"[1]庄子还利用相对主义混一万物："天下莫大于秋豪之末，而大（泰）山为小；莫寿于殇子，而彭祖为夭。"[2]泰山大吗？但泰山比起比它更大的东西泰山又小了。秋天野兽的毫毛毛尖尖小吗？但比起比它更小的东西这毛尖尖又大了。彭祖活了八百岁够长寿的，但比起更长寿的生命彭祖又是短命的。过早夭折的小婴儿是短命的，但比起比他更短命的生命，过早夭折的小婴儿又是长寿的。总之，一切大小长短都是相对的，无需刻意讲求事物之间的差别。庄子甚至连物我之差别都加以否认："昔者庄周梦为蝴

---

[1]《庄子·齐物论》，史仲文主编：《中华经典藏书》，北京出版社1999年版，第2360页。

[2]《庄子·齐物论》，史仲文主编：《中华经典藏书》，北京出版社1999年版，第2359页。

蝶，栩栩然蝴蝶也，自喻适志与！不知周也。俄然觉，则蘧蘧
然周也。不知周之梦为蝴蝶与，蝴蝶之梦为周与？周与蝴蝶，
则必有分矣。此之谓物化。"① 庄子曾经梦到自己化为蝴蝶。
一只翩翩起舞的蝴蝶，怡然自适，不知道自己是庄周。忽然醒
来，意识到自己就是庄周，庄周与蝴蝶又有分别了。这些都是
说万物相化，合而为一。

　　人与人之间发生争论是难免的，人们总是想争出个是非对
错。庄子认为，争不出个是非对错，因为人们找不到评判是非
对错的标准。"既使我与若辩矣，若胜我，我不若胜，若果是
也，我果非也邪？我胜若，若不吾胜，我果是也，而果非也
邪？其或是也，其或非也邪？其俱是也，其俱非也邪？我与若
不能相知也，则人固黮暗。吾谁使正之？（即使我与你辩论，
你胜了我我没胜你，你果真是是，我果果是非？我胜了你，你
没胜我，我果真是，你果真非吗？或者我们俩有一个是，有一
个非？或者我们俩都是是，都是非？我和你都不知道，别人本
来也是昏昧不觉悟的，我还能请谁来判定是非呢？）使同乎若
者正之？既与若同矣，恶能正之！使同乎我者正之？既同乎我
矣，恶能正之！使异乎我与若者正之？既异乎我与若矣，恶能正
之！使同乎我与若者正之？既同乎我与若矣，恶能正之！然则我
与若与人俱不能相知也，而待彼也邪？（找与你观点相同的人来

---

① 《庄子·齐物论》，史仲文主编：《中华经典藏书》，北京出版社 1999 年版，
第 2361 页。

判定是非，既然与你相同，他怎么可能公正呢！反之，找与我观点相同的人也是一样。请与我和你的观点都不同或都相同的人来判定，也不行。既然我、你、他人都不能判定，又能找谁去判定呢？）"①既然找不到评判是非对错的标准，就无法作出是非对错的区别。结论只能是："是不是，然不然（是就是不是，然就是不然）。"②由上可见，人的思想观点也不存在是非对错。

总之，老子的"道"和庄子的"道"都是无限大的，但老子的"道"大在无物不激活，庄子的"道"大在无物不被齐一。

三　《养生主》——"道"之自然

老子说："道法自然。"③"道"以因循自然的方式激活万物。"我无为，而民自化；我好静，而民自正；我无事，而民自富；我无欲，而民自朴。"④我用顺自然的方式进行治理，民众自能安居乐业。"道之尊，德之贵，夫莫之命而常自然。

---

① 《庄子·齐物论》，史仲文主编：《中华经典藏书》，北京出版社1999年版，第2360页。

② 《庄子·齐物论》，史仲文主编：《中华经典藏书》，北京出版社1999年版，第2360页。

③ 《道德经》第二十五章，史仲文主编：《中华经典藏书》，北京出版社1999年版，第2337页。

④ 《道德经》第五十七章，史仲文主编：《中华经典藏书》，北京出版社1999年版，第2346页。

故道生之，德畜之；长之育之；亭之毒之；养之覆之。生而不有，为而不恃，长而不宰。是谓玄德。"①"道"之所以尊，"德"之所以贵，在于他们不发命令，因任万物之自然。所以，"道"激活万物，"德"养育万物，使万物生长发育，走向成熟，养长护育。激活万物而不将其据为己有，成就万物而不居功，为万物之根基而不主宰之。这就叫做玄妙的"德"。"圣人处无为之事，行不言之教；万物作而弗始，生而弗有，为而弗恃，功成而不居。"②"圣人"之圣在于从"道"的角度顺势而动，不逞己欲、不显己能，不于大道之外另有所作为。大道运行，圣人顺之而已，不当创造者、拥有者、主宰者、居功者。"道常无为而无不为。侯王若能守之，万物将自化。"③"道"的运行方式是无为而无不为。当权者治世若能守住"道"，万民将自我生育养长。

老子强调"自然"，但他是从宏观管理的角度讲"自然"。庄子也大量讲"自然"，但庄子讲自然的角度与老子不同。庄子强调"道"在万物之中，所以他不讲如何用"自然"来管理万物，而是讲每一物的存在和运行如何体现了"自然"。

---

① 《道德经》第五十一章，史仲文主编：《中华经典藏书》，北京出版社1999年版，第2344—2345页。
② 《道德经》第二章，史仲文主编：《中华经典藏书》，北京出版社1999年版，第2331页。
③ 《道德经》第三十七章，史仲文主编：《中华经典藏书》，北京出版社1999年版，第2340页。

老子要用"自然"管理万物，这就必须做到有一个超出万物之上的无限高的"自然"。庄子认为这个无限高的"自然"是得不到的。他说："吾生也有涯，而知也无涯。以有涯随无涯，殆已；已而为知者，殆而已矣。"[①] 我的生命是有限的，而认知的对象是无限的。用有限的生命追求无限的认知对象，一定会失败。失败了还要求知，结局仍然是失败。怎么办呢？庄子接着说："为善无近名，为恶无近刑。缘督以为经，可以保身，可以全生，可以养亲，可以尽年。"[②] 追求绝对的认知对象就会走善的极端或走恶的极端。走善的极端难免没有求名之欲，走恶的极端难免不受刑罚之苦。只有随事而顺作为常规，才可以保住身体，可以享受生活，可以奉养父母，可以过好一生。若将随事而顺作为行事的准则，前提是必须承认每一个事物自身就是自然合理的存在。

自然合理的存在的事物都是幸福美好的。庄子以野鸡为例："泽雉十步一啄，百步一饮，不蕲畜乎樊中。神虽王，不善也。"[③] 沼泽中的野鸡大约十步才能吃到一口食，百步才能喝到一口水，为饮食疲于奔命。尽管这样，它仍不愿意被蓄养

① 《庄子·养生主》，史仲文主编：《中华经典藏书》，北京出版社 1999年版，第2363页。

② 《庄子·养生主》，史仲文主编：《中华经典藏书》，北京出版社 1999年版，第2363页。

③ 《庄子·养生主》，史仲文主编：《中华经典藏书》，北京出版社 1999年版，第2363页。

在笼子里。笼子里虽供养充足，野鸡精力充沛，但却不自由。庄子还以马为例："马，蹄可以践霜雪，毛可以御风寒。龁（嚼）草饮水，翘足而陆（抬腿跳跃），此马之真性也。虽有义台路寝（高台大殿），无所用之。及至伯乐，曰：'我善治（驯养）马。'烧之（烧红烙铁），剔之（修剪马毛），刻之（修削马蹄），雒之（烙印痕）。连之以羁（捆）絷（绊马索），编之以皂（马槽）栈（马棚），马之死者十二三矣！饥之渴之，驰（驱赶）之，骤（狂奔）之，整之齐之（整齐划一），前有橛（马嚼子）饰（绳络）之患，而后有鞭筴（马鞭）之威，而马之死者已过半矣！"①庄子认为，马在自然界原本生活得很好，人为地对马进行驯养，反而祸害了马。

不仅上述能够远离人为制造"幸福"的自然存在是美好的，庄子还认为，哪怕对人类来说是有缺陷的不幸事物，只要是"自然"的，就是美好的。"公文轩见右师（官职）而惊曰：'是何人也，恶乎介（只有一条腿）也？天与，其人与？（天生的？人为的？）'曰：'天也，非人也。天之生是使独也，人之貌有与（天赋予的）也。以是知其天也，非人也。'"②这位右师天生只有一条腿，在常人看来是非常不幸的，但庄子却认为因其是天生的，所以这个独腿人仍是幸福美好的。

---

① 《庄子·马蹄》，史仲文主编：《中华经典藏书》，北京出版社1999年版，第2380页。

② 《庄子·养生主》，史仲文主编：《中华经典藏书》，北京出版社1999年版，第2363页。

"自然"是最合理最美好的，但不能把"自然"给庸俗化，庄子要的"自然"是高层次的，人要做到"自然"并不是件容易的事。比如说"养生"，庄子绝对不是提倡恣情纵欲的"自然"，而是自我修炼，自我把握，使自己顺应深层的"自然"。《庄子》书中有一个脍炙人口的寓言"庖丁解牛"："庖丁为文惠君（魏惠王）解牛，手之所触，肩之所倚，足之所履，膝之所踦，砉（虚声）然响然，（骨肉相离声）奏刀騞（或声）然，（刀挑开声）莫不中音。（符合音节）合于桑林之舞，（符合'桑林'舞曲的舞步）乃中经首之会。（符合'经首'之乐的节奏）文惠君曰：'譆，善哉！技盖至此乎？'庖丁释刀对曰：'臣之所好者道也，进乎技矣。（对"道"的爱好超过对技术的爱好）始臣之解牛之时，所见无非全牛者。三年后，未尝见全牛也。方今之时，臣以神遇而不以目视，（用心看而不用眼看）官知止而神欲行。（手脚停留在某个位置，心却想着整体）依乎天理，批（劈）大郤（隙声，缝隙），导（引入）大窾（款声，大的虚软处），因其固然。（因顺牛自身的结构脉络进刀）技经（经络）肯（附骨之肉）綮（筋肉纠集处）之未尝，（没碰到）而况大軱（姑声，大骨）乎！良庖（好的庖丁）岁更刀，割也；族庖（一般的庖丁）月更刀，折也（砍骨头）。今臣之刀十九年矣，所解数千牛矣，而刀刃若新发于硎（磨刀石）。彼节者有间（骨节有间隙），而刀刃者无厚：以无厚入有间，恢恢乎（宽绰）其于游刃必有余地矣，是以十九年而刀刃若新发于硎。虽然，每至于族，（筋骨纠缠处）吾见其难为，怵然为戒，（小心翼翼）视为止，（目光专注）行为迟，（行动放慢）动刀甚微，謋（或声）然已解，（解体）如土委地。提刀而立，为之四顾，为之踌躇满志，善（擦拭）刀而藏之。'文惠君曰：'善哉！吾闻庖丁之言，得养生焉。'"①从"庖丁解牛"中可以体会到，做到"自然"就是主动顺应事物的特征和脉络。这需要在实践中去体悟，需要突破感官的表面认知，进入事物的深层。魏晋时期《列子》书中所说的"养生"："恣耳之所欲听，恣目之所欲视，恣鼻之所欲向，恣口之所欲言，恣体之所欲安，恣意之所欲行。"②这种消极、颓废、恣情肆欲，绝对不是庄子所说的顺"自然"。

顺应"自然"还要经历一个重要的考验——死亡。人莫不有死，但是人莫不畏惧死亡。明知有死亡，还是想尽一切办法摆脱死亡。秦皇汉武雄才大略，但面对死亡，也不得不匍匐在仙人面前，乞求不死之道。中国历史上服食仙药，追求长生者不在少数。庄子则用他的顺"自然"让人们理性地对待死亡，不但消除对死亡的恐惧，更要乐观地面对死亡。"老聃死，秦失（老子的朋友）吊之，三号（哭了三声）而出。弟子曰：'非夫子之友邪？'曰：'然。''然则吊焉若此，可乎（就

① 《庄子·养生主》，史仲文主编：《中华经典藏书》，北京出版社1999年版，第2363页。
② 《列子·杨朱》，史仲文主编：《中华经典藏书》，北京出版社1999年版，第2494页。

这样吊唁可以吗）？'曰：'然。始也吾以为其人也，而今非也（开始我以为你们都是得道之人，现在看来不是）。向吾入而吊焉，有老者哭之，如哭其子；少者哭之，如哭其母。彼其所以会之，必有不蕲言而言，不蕲哭而哭者（他们之所以聚集到这儿来，必然有面对死亡不该说的却说出来了，不该哭的却哭出来了）。是遁天倍情（违反自然背离人情），忘其所受（忘记人天生所禀受），古者谓之遁天之刑（古人称此为逃避自然的规范）。适来，夫子时也；适去，夫子顺也（该来，老聃应时而来，该离去，老聃顺势而离去）安时而处顺，哀乐不能入也，古者谓是帝之县解。（古人称此为对自然的束缚的解除）。'"①死亡是自然出现的必然性，既然如此，人就应该顺应自然。死亡就是对自然的顺应，所以对死亡不应感到痛苦。庄子对妻子的逝世也是这个看法："庄子妻死，惠子吊之，庄子则方箕踞鼓盆而歌（庄子坐在地上两腿劈开敲着瓦盆歌唱）。"②庄子对妻子的逝世没有表现出悲痛，却坐地敲着瓦盆歌唱，并且在吊客面前毫不讲求坐姿。他的理由是："察其始而本无生，非徒无生也而本无形，非徒无形而本无气。杂乎芒芴之间，变而有气，气变而有形，形变而有生，今又变而之死，是相春秋冬夏四时行也（人初始本无生命，不仅无生命而且无

---

① 《庄子·养生主》，史仲文主编：《中华经典藏书》，北京出版社1999年版，第2363页。

② 《庄子·至乐》，史仲文主编：《中华经典藏书》，北京出版社1999年版，第2403页。

形体，不仅无形体而且无元气。夹杂在杂草之间，变得有了元气，由元气又变而有形体，有形体然后有生命，今又转为死亡，这就和春夏秋冬四季更替一样）。人且偃然寝于巨室，而我嗷嗷随而哭之，自以为不通乎命，故止也（人已安然就寝于天地之间，我却悲凄地守着她哭，我认为这是不懂得自然规律，所以我不哭）。"总之，只要是符合自然规律的，就是合理的，应该快乐地、积极主动地顺应，包括人们最惧怕的死亡。

四 《人世间》——处世之道

庄子论"道"最终是为了处世。"道"无论多么神秘，都要落实到处世上。如何处世？老子讲到行"道"者如何处世："古之善为道者，微妙玄通，深不可识。夫唯不可识，故强为之容：豫兮若冬涉川；犹兮若畏四邻；俨兮其若客；涣兮其若凌释；敦兮其若朴；旷兮其若谷；混兮其若浊；澹兮其若海；飂兮若无止。孰能浊以静之徐清？孰能安以动之徐生？保此道者，不欲盈。夫唯不盈，故能蔽而新成。"①古之善为道者处世微妙，能够于无形中贯通一切，其待人接物不可测度难以表达。因其不可

①《道德经》第十五章，史仲文主编：《中华经典藏书》，北京出版社1999年版，第2334—2335页。

测度难以表达，只好勉强做些形容："豫兮若冬涉川"——小心
翼翼，如走在冰冻的河上，生怕滑倒或掉进冰窟窿；"犹兮若畏
四邻"——不敢轻动好像害怕得罪四邻；"俨兮其若客"——
谨慎认真如寄居之客；"涣兮其若凌释"——逐渐宽缓松释如
冰凌融化；"敦兮其若朴"——保持淳朴如原始木材；"旷兮
其若谷"——虚怀空阔，广泛接纳，若山中空谷；"混兮其若
浊"——混迹于万物之中如流淌的浊水；"澹兮其若海"——淡
漠不争如甘居下位的大海；"飂兮若无止"——随风飘游如无所
止；"孰能浊以静之徐清？孰能安以动之徐生？"——谁能使流
淌的浊水定住转清？谁又能使定住的东西再动起来慢慢更新？
"保此道者，不欲盈。夫唯不盈，故能蔽而新成。"——保住此
道者不愿盈满。唯不盈满，才能不断除旧更新。

　　人不可一味张扬自己的个性，而要善于将个人的想法化
为无形，熔融于纷繁多样甚至自己所不喜欢的人和事物中。
"深"意味着无形，"微妙玄通"是深潜于众人众事之中而贯
通之。众人众事丰富多彩，矛盾错综，我的合理想法必须既能
与之融合，又不被其同化；既成就众人之欲求，又不为迁就众
人而丧失自我；既能凭借众人众事实现我的合理想法，又不能
陷入眼前的合理性而不能超越之。总之，处众人众事须小心、
谨慎、朴实、宽容、亲和，善于超越和伸缩性强，与四周融通
为一。老子的处世哲学有两个基本点，第一是不能与外物相抵
牾，第二是不随波逐流。老子虽然讲不与外物抵牾，但仍强调

"我"与众人有所不同："荒兮，其未央哉！众人熙熙，如享太牢，如春登台。我独泊兮，其未兆；沌沌兮，如婴儿之未孩；累累兮，若无所归。众人皆有馀，而我独若遗。我愚人之心也哉！俗人昭昭，我独昏昏。俗人察察，我独闷闷。众人皆有以，而我独顽且鄙。我独异于人，而贵食母。"①我跟众人的心态不一样。我心中是道，故广阔而无穷。众人热热闹闹地享受生活，如享大餐，如高台览春，我独淡漠，不显踪迹；我处混沌中，如婴儿初生还不能逗乐；我四处漫游，若无所归。众人皆盈，我独亏，我好像有一颗愚人之心啊！世人皆明白，我独昏沉；世人皆精明，我独糊涂涂；世人皆有所追求，我独愚顽浅陋。唯我与众不同，我注重的是万物之根本。

在继承老子不与万物相抵牾思想的基础上，庄子更进一步强调如何与万物相融通。庄子编造孔子与颜回的对话：颜回要去卫国向卫君进治国之策，孔子说他是在找死。为什么？首先，公开向卫君讲道德是在找死："且德厚信矼（假如你道德敦厚，信用确实），未达人气（却不符合对方的心绪），名闻不争，未达人心（虽不与人争名，却不合乎对方的心意）。而强以仁义绳墨之言述暴人之前者（如果定要在暴虐的人面前陈述仁义规范），是以人恶有其美也（这是以他人之恶凸显自己之美），命之曰菑人（这叫做给人带来灾害的人）。菑人者，

---

① 《道德经》第二十章，史仲文主编：《中华经典藏书》，北京出版社1999年版，第2336页。

人必反菑之（给人带来灾害，人必也给你带来灾害），若殆为
人菑夫（颜回你恐怕要遭受别人带来的灾害了）！"①如果卫君
不讲道德你非要讲道德，这是在凸显你比卫君高尚，卫君比你
的层次低。这会刺激卫君加害于你。庄子举例："且昔者桀杀关
龙逄，纣杀王子比干，是皆修其身以下伛拊（爱抚）人之民，
以下拂（违逆）其上者也，故其君因其修以挤之（因为他们修
身而除掉他们）。"②桀纣暴君杀害道德高尚的关龙逄、王子比
干，是因为他们从道而贬低了君。

那么我不用道德凸显自己，卫君喜欢能干的人，我凸显自
己的才干为卫君做事情又如何呢？庄子说："且苟为悦贤而恶
不肖，恶用而求有以异？（如果卫君喜欢表现自己能干，不愿
表现出自己不如人，你怎能表现出自己比他人能干呢？）若唯
无诏，王公必将乘人而斗其捷（要不你就什么都不说，如果说
了，卫君一定要抓住你的漏洞与你争个高下）。而目将荧之，
而色将平之，口将营之，容将形之，心且成之（你将目眩、面
色怔住、口中喃喃辩解，表情不得不随顺对方、内心只好默
认）。是以火救火，以水救水，名之曰益多（反而会增益卫君
的过错）。顺始无穷（你开始随顺了卫君，以后就老得随顺
他）。若殆以不信厚言，必死于暴人之前矣（你如果不相信我

---

① 《庄子·人间世》，史仲文主编：《中华经典藏书》，北京出版社1999年版，
第2364页。
② 《庄子·人间世》，史仲文主编：《中华经典藏书》，北京出版社1999年版，
第2364页。

的忠厚之言，必死于残暴的君主面前）！"①所以，用自己的才干来辅佐卫君，也避免不了与卫君的抵牾，遭遇杀身之祸。

　　那么，内心保持道德，外表表现出柔和可否？庄子借颜回的口说："然则我内直而外曲（内方外圆），成而上比（把自己形成的观点说成是古人说的，因为大家都认同古人）。内直者，与天为徒（我内心正直不是说我高尚，而是因为顺服于天）。与天为徒者，知天子之与已皆天之所子，而独以己言蕲乎而人善之，蕲乎而人不善之邪？（我顺服于天，我知道君主和我都是天的儿子，都一样顺服于天，何必因自己的言论要求别人称善或不称善呢）……外曲者，与人为之徒也（外圆就是顺服世俗）。擎跽曲拳（执笏下跪弯腰），人臣之礼也，人皆为之，吾敢不为邪！为人之所为者，人亦无疵焉（人对我没什么指责的了），是之谓与人为徒（这就是顺服世俗）。成而上比者，与古为徒（把我自创的说法上归于古人，表示对古人的顺服）。其言虽教，讁之实也（这些话好像是用古人的教诲，其实是我在施教）。古之有也，非吾有也（我诡称这些是古已有之，并非我创）。若然者，虽直而不病，是之谓与古为徒（这样做虽然直率但他人却不能病垢）。若是则可乎？②"颜回想把自己坚持的原则说成是人们共同崇拜的天和古人的意愿，

①《庄子·人间世》，史仲文主编：《中华经典藏书》，北京出版社1999年版，第2364页。
②《庄子·人间世》，史仲文主编：《中华经典藏书》，北京出版社1999年版，第2364—2365页。

不是自己个人的，由此堵别人的嘴。同时，颜回在外在的表现上保证随顺世俗，这也堵了别人的嘴。这样做可否？庄子借孔子的口否定了他："恶！恶可！（不可！怎么可以呢！）"①庄子认为这样做仍然不能够感化对方。

那么，究竟应当如何为人呢？庄子提出先"斋戒"。这个"斋戒"不是世俗所说的不饮酒、不吃荤腥，而是"心斋"。所谓"心斋"，庄子说："若一志（你要心志专一），无听之以耳而听之以心（不要用耳朵听事物而要用心去体悟事物），无听之以心而听之以气！（不要用心去体悟万物而要用气去应对万物）听止于耳，心止于符，气也者，虚而待物者也（耳用来听，心用来深入领会，气是用"无"来与万物融合）。唯道集虚，虚者，心斋也（只有'道'集中体现了'虚'的特点，'虚'才是'心斋'）。"②庄子提出的应对万物的方式是"虚"的方式，即与万物相融合。怎样做到与万物相融合？"若能入游其樊而无感其名（如果能够进入是非缠绕的樊篱当中而不为名声所动），入则鸣，不入则止（别人听得进去就说，听不进去就不说）。无门无毒（无启衅端，不能被加害），一宅而寓于不得已（聚一心志，依于周围事物的不得已而行），则几矣（就差不多了）。"③庄子说的与万物相融合就

①《庄子·人间世》，史仲文主编：《中华经典藏书》，北京出版社 1999 年版，第 2365 页。

②《庄子·人间世》，史仲文主编：《中华经典藏书》，北京出版社 1999 年版，第 2365 页。

③《庄子·人间世》，史仲文主编：《中华经典藏书》，北京出版社 1999 年版，第 2365 页。

是无欲并顺应万物而行。人不能够任己意而为，不能脱离客观条件。庄子说："绝迹易，无行地难（消灭行走的痕迹容易，不在地上行走难）。为人使易以伪，为天使难以伪（为人所驱使容易做到，为自然界所支配难以做到）。闻以有翼飞者矣，未闻以无翼飞者也（听说过用翅膀飞行的，没有听说过不用翅膀飞行的）；闻以有知知者矣，未闻以无知知者也（听说用认知的能力来认知，没有听说不用认知的能力来认知）。"① 庄子认为，巧妇难为无米之炊，人不可能凭空做成事情，必须有所依凭，才能做成事情。所以，庄子强调要接触万物。但是，接触万物又不能让外界知识破坏心中的智慧，庄子说："瞻彼阕者，虚室生白，吉祥止止（往心房里看，虚空内心才能豁亮，吉祥才能停留在所该停留的内心）。夫且不止，是之谓坐驰（如果吉祥不能停留在内心，那说明你是形体平静，实际内心狂奔）。夫徇耳目内通而外于心知，鬼神将来舍，而况人乎（顺着耳目通达于内心，同时排除外在的认知的干扰，神奇的智慧将进入内心被掌握，何况普通人的智慧呢）！"② 接触外物而又能够让心保持"虚"的状态，才能产生神奇的智慧。

以上所说顺自然，所讲内容仍显高玄。在具体的待人接物中应如何去做呢？庄子编造了一些故事。如托叶公与孔子的

① 《庄子·人间世》，史仲文主编：《中华经典藏书》，北京出版社1999年版，第2365页。
② 《庄子·人间世》，史仲文主编：《中华经典藏书》，北京出版社1999年版，第2365页。

对话，谈如何向齐国君主转达楚君的意图。庄子说："传其常情，无传其溢言，则几乎全。"①传达其合乎常情的话，不要传达其夸张过分的话语。也就是说，顺自然地传达君命不是简单地当传声筒，君说什么话我就传什么话，而是剔除虚饰之辞，传达真实意图。

庄子假托颜阖向蘧伯玉请教如何当好卫灵公太子的老师。这个太子天性刻薄，用法度教诲不行，不用法度教诲也不行。怎么办？庄子假托蘧伯玉回答说："彼且为婴儿，亦与之为婴儿；彼且为无町畦，亦与之为无町畦；彼且为无崖，亦与之为无崖。达之，入于无疵。"②用顺自然的方式与对方相处。对方如婴儿一样天真，你也姑且像婴儿那样天真；对方做事没有界限，你也姑且做事没有界限；对方做事不受拘束，你也姑且做事不受拘束。当然，这绝不是要与对方同流合污。庄子说："戒之，慎之，正女身也哉！"③即要坚持小心谨慎，坚持端正自身。庄子还说，螳螂弱小，没有能力却要阻挡车轮，挑战"自然"。庄子还讲到饲养老虎和马也要顺"自然"，如果违反"自然"，就会与虎和马形成对立。

①《庄子·人间世》，史仲文主编：《中华经典藏书》，北京出版社1999年版，第2365页。

②《庄子·人间世》，史仲文主编：《中华经典藏书》，北京出版社1999年版，第2366页。

③《庄子·人间世》，史仲文主编：《中华经典藏书》，北京出版社1999年版，第2366页。

五 《德充符》——重神轻形的人生观

老子说："众人熙熙，如享太牢，如春登台。我独泊兮，其未兆；沌沌兮，如婴儿之未孩；累累兮，若无所归。众人皆有馀，而我独若遗。我愚人之心也哉！俗人昭昭，我独昏昏。俗人察察，我独闷闷。众人皆有以，而我独顽且鄙。我独异于人，而贵食母。"① 我跟众人的心态不一样。我心中是道，故广阔而无穷。众人热热闹闹地享受生活，如享大餐，如高台览春，我独淡漠，不显踪迹；我处混沌中，如婴儿初生还不能逗乐；我四处漫游，若无所归。众人皆盈，我独亏，我好像有一颗愚人之心啊！世人皆明白，我独昏沉；世人皆精明，我独糊涂涂；世人皆有所追求，我独愚顽浅陋。唯我与众不同，我注重的是万物之根本。

老子所表达的行道者就是外形糊涂不开化，内心保持着"道"。庄子的《德充符》讲到了几个残疾人、畸形人，也是为了说明，外形并不重要，重要的是内在的"道"。"申徒嘉，兀者也（断了一条腿的人），而与郑子产同师于伯昏无人（两人的老师）。子产谓申徒嘉曰：'我先出则子止，子先出则我止（子产

---

① 《道德经》第二十章，史仲文主编：《中华经典藏书》，北京出版社 1999 年版，第 2336 页。

嫌弃申屠嘉残疾，不愿和他在一起）。'"①"吾与夫子游十九年
矣，而未尝知吾兀者也（我在老师门下十九年了，老师从未想
到我是断腿人）。今子与我游于形骸之内，而子索我于形骸之
外，不亦过乎（今日你我应共同追求形体内的道，而你却计较
我的残疾外形，这不是太过分了吗）！'"②庄子说的这个申屠嘉
其实就相当于老子说的与众不同的"我"。

这个"我"才是活生生的，"仲尼曰：'丘也尝使于楚矣，
（我曾出使楚国）适见豚子食于其死母者（恰见一群小猪吸吮
死去的母猪的乳汁），少焉眴若，皆弃之而走（一会儿小猪惊
慌起来，弃母猪而去）。不见己焉尔，不得类焉尔（因为母猪
不再顾视小猪，母猪小猪已非同类）。所爱其母者，非爱其形
也，爱使其形者也（小猪爱的是母亲，不是爱形体，爱的是支
配其形体者）。'"③由于形体背后的内在的"我"是人生最
重要的追求，所以除申屠嘉之外，庄子在《德充符》中列举了
几个怪形加以赞美。如鲁国的独腿人王骀、叔山无趾，卫国的
丑陋人哀骀它、畸形人闉跂支离无脤等，他们的内在精神有着
相当大的震撼力。如哀骀它，"无君人之位以济乎人之死，无
聚禄以望人之腹，又以恶骇天下（他没有以君位救人之死，也

① 《庄子·德充符》，史仲文主编：《中华经典藏书》，北京出版社1999年版，
第2369页。
② 《庄子·德充符》，史仲文主编：《中华经典藏书》，北京出版社1999年版，
第2369页。
③ 《庄子·德充符》，史仲文主编：《中华经典藏书》，北京出版社1999年版，
第2369页。

没有聚集财富以填饱人的肚皮，相貌又是天下出奇的丑）"，可是，"丈夫与之处者，思而不能去也（男人与他相处，钦佩而不愿离去）。妇人见之，请于父母曰'与为人妻宁为夫子妾'者，十数而未止也（女子见到他便对父母说，与其为正常人妻，不如做哀骀它之妾，这样的女子十个以上）"。君主与其相处，即授之以宰相之位。他辞去宰相而去，君主就觉得特别伤心，若有所失。① 这些丑陋的人"粉丝"无数，连孔子都想引导天下人拜独腿人王骀为师。他教育别人的方法是无形的。"立不教，坐不议，虚而往，实而归。"其"固有不言之教，无形而心成者……"② 王骀站立不施教，坐着不议论，跟随他的人空手而来，满载而归。他能够不用语言施教，与人心灵相沟通。

这些畸形人的精神达到了何种境界？

庄子借孔子的口谈王骀的境界："自其异者视之，肝胆楚越也；自其同者视之，万物皆一也（如果一味计较事物的差别，肝胆之微间亦可视为楚越之遥远；如果只看共同点，那么万物都是一样的）。……物视其所一而不见其所丧，视丧其足犹遗土也（如果只看到万物内在的相同点，而不关注其表面上有何缺陷，那么丢掉一只脚就如同丢掉一个土块）。"③ 王骀的精

---

① 《庄子·德充符》，史仲文主编：《中华经典藏书》，北京出版社1999年版，第2369页。

② 《庄子·德充符》，史仲文主编：《中华经典藏书》，北京出版社1999年版，第2369页。

③ 《庄子·德充符》，史仲文主编：《中华经典藏书》，北京出版社1999年版，第2368页。

神境界是超脱一切有形，视其得失为虚幻，遨游于玄同世界。
为什么他能对周围人有着极大的吸引力呢？庄子借孔子的口说：
"人莫鉴于流水而鉴于止水（人不能用波动的水照清自己，只
能用波动背后的静水照清自己），唯止能止众止（只有静止能
够成为追求静止的众人的目标）。受命于地，唯松柏独也在冬
夏青青（同样产生于大地，松柏虽然不那么花里胡哨，却能够
不受冬夏影响保持青翠不变）；受命于天，唯舜独也正，幸能
正生，以正众生（同样禀受天命，只有不爱大事炒作的舜的精
神能成为楷模，其荣幸地承担了正人性命的使命，来端正众人
性命）。"①总之，庄子注重的是不事张扬的、稳定的、内在的
精神。王骀虽然是畸形人，但他内在的稳定的精神仍可成为世
人的楷模，外形的缺陷无需介意。

　　但是，圣人并非是只讲精神不食人间烟火，只是说不违反
自然。"惠子谓庄子曰：'人故无情乎？'庄子曰：'然。'惠子
曰：'人而无情，何以谓之人？'庄子曰：'道与之貌，天与之
形，恶得不谓之人？'（道赋予容貌，天与之形体，为何不能
称为人？）惠子曰：'既谓之人，恶得无情？'庄子曰：'是非吾
所谓情也（你所说之情非我所说之情）。吾所谓无情者，言人
之不以好恶内伤其身，常因自然而不益生也。'（我的所谓无
情是指不让毫无情感干扰自身，因顺自然而不人为追求养生）惠子
曰：'不益生，何以有其身？'庄子曰：'道与之貌，天与之形，无

---

① 《庄子·德充符》，史仲文主编：《中华经典藏书》，北京出版社 1999 年版，
第 2368 页。

以好恶内伤其身。'（道已经赋予你容貌，天已经给予你形体，所谓'不益生' 就是不要偏离'道'和'天'，用个人的好恶扰乱'道'和'天'所成就的人）"①老子说："含德之厚，比于赤子。""益生曰祥。心使气曰强。物壮则老，谓之不道，不道早已。"②这段话也可以诠释庄子的"不益生"、"无以好恶内伤其身"。生命力特别强的小婴儿，就是"道"和"天"所成之人。应当顺应小婴儿的天性成长，不应戕害其天性，企图人为揠苗助长。揠苗助长是受情绪的驱使，其所得之强壮是"老"，即以毁坏小婴儿自身机制为代价的一时表面的强壮，会使婴儿失去成长后劲，未老先衰。

六　《大宗师》——无意识中的圣人

老子说："将欲取天下而为之，吾见其不得已。天下神器，不可为也，不可执也。为者败之，执者失之。是以圣人无为，故无败；无执，故无失。夫物或行或随；或嘘或吹；或强或

---

①《庄子·德充符》，史仲文主编：《中华经典藏书》，北京出版社1999年版，第2370页。

②《道德经》第五十五章，史仲文主编：《中华经典藏书》，北京出版社1999年版，第2345—2346页。

赢；或载或隳。是以圣人去甚，去奢，去泰。"①"道"不可为，整个天下也不可能被有意识地把握住。圣人该怎么办？"无为"，"无执"。当然，并非真的什么都不干，而是说处于一种极高的境界，不执着在这一境界中所做的任何一件善事上，也不计较所遭受的损失。事物多变，或在前行，或在后随，或轻嘘，或劲吹，或强盛，或衰弱，或被承载，或被遗弃。无论事物如何变化，都无非是"道"运行中的随时偶遇，无需执着。所以，老子强调戒极端、戒张扬、戒过分，以免"道"降低为偶遇的某一阶段、某一具体形态。

　　庄子《大宗师》中的"真人"就是老子"道"的体现。"何谓真人？古之真人，不逆寡，不雄成，不谟士（不嫌弃亏，不强求赚，不刻意琢磨）。若然者，过而弗悔，当而不自得也（错过了好处不后悔，撞上了好运也不得意）。若然者，登高不栗，入水不濡，入火不热（登高不惧，入水不沾湿，入火中不嫌热）。是知之能登假于道者也若此（只有境界能够升华到'道'的人方能如此）。古之真人，其寝不梦，其觉无忧，其食不甘，其息深深（真人无所求取，故睡无梦，醒无忧，不偏食，无所急求，故呼吸深缓）。真人之息以踵，众人之息以喉（真人呼吸深缓直至足底，普通人汲汲于利禄，呼吸浅且急）。屈服者，其嗌言若哇。其耆欲深者，其天机浅（看

────────────

① 《道德经》第二十九章，史仲文主编：《中华经典藏书》，北京出版社1999年版，第2338页。

人脸色行事的人，喉咙总像堵住发不出声。欲望厚的人领悟能力很弱）。古之真人，不知说生，不知恶死（真人对生死无所谓）；其出不訢，其入不距（让他展示自己并不欣然，让他收敛自己也不拒绝）；翛然而往，翛然而来而已矣（从容而来，从容而往）。不忘其所始，不求其所终（不忘记自己的根本，不求有所归宿）。受而喜之，忘而复之（任何境遇都欢喜而顺受之，无所求取而回复之），是之谓不以心捐道（不以己意牺牲道），不以人助天（不人为推动自然），是之谓真人。"①"真人"追求的是"道"，在追求"道"的路上得到了什么或失去了什么无所谓。所以，"真人"潇洒自在，轻松无忧，无所拘执。

以上，庄子"真人"之表现与老子的行"道"的"圣人"精神相同，但潇洒自在，轻松无忧，无所拘执，如何体现在具体的境况中，老子并没有说。庄子讲了一些："圣人之用兵也，亡国而不失人心；利泽施乎万世，不为爱人（圣人用兵不是为了杀人，而是顺应'道'，故顺'道'之势亡某一国却不失人心；给人类施以恩泽不是出于爱人之仁，而是在因顺高层次的'道'）。故乐通物，非圣人也（刻意以贯通万物者，非圣人）；有亲，非仁也（刻意亲爱人非仁人）；天时，非贤也（刻意顺应天时非贤者）；利害不通，非君子也（不能贯通利

---

① 《庄子·大宗师》，史仲文主编：《中华经典藏书》，北京出版社1999年版，第2371页。

害，刻意趋利避害非君子）；行名失己，非士也（刻意求名失去自我不是士人）；亡身不真，非役人也（失去生命却没有保住本真之性，不能统治人）。若狐不偕、务光、伯夷、叔齐、箕子、胥馀、纪他、申徒狄，是役人之役，适人之适，而不自适其适者也（狐不偕等虽是君子，但都是受身外驱使，为他人之安适，非为自己之心宁静）。"①庄子所谓的潇洒自在、轻松无忧、无所拘执，就是一切高尚的道德、情操都是行"道"过程中的题中应有之义，无需有好善恶恶之心，无需刻意坚守和磨炼正义的意志。

　　不但功业荣誉是题中应有之义，疾病死亡也是题中应有之义，用不着畏惧和躲避。"俄而子来有病，喘喘然将死，其妻子环而泣之（过了不久子来生病了，急促喘气快要死了。他的妻子儿女围在旁边哭泣）。子犁往问之，曰：'叱！避！无怛化！'（子犁前去探病，轰他们走开，说：去！一边去，别干扰他的自然化育）倚其户与之语曰：'伟哉造化！又将奚以汝为，将奚以汝适？以汝为鼠肝乎？以汝为虫臂乎？'（子犁靠着门对子来说：伟大的造化啊，将把你变成什么呢？将让你去哪儿呢？把你变成老鼠的肝？或变成螳螂的前臂呢？一切都不确定）子来曰：'父母于子，东西南北，唯命之从。阴阳于人，不翅于父母；彼近吾死而我不听，我则悍矣，彼何罪焉！（子来说：儿子对于父

---

① 《庄子·大宗师》，史仲文主编：《中华经典藏书》，北京出版社1999年版，第2372页。

母，无论让他去哪儿都必须服从。阴阳对于人来说，不止于父母，阴阳让我接近于死亡我不听从，我这是与阴阳对抗，阴阳没有什么不对的）夫大块载我以形，劳我以生，佚我以老，息我以死。故善吾生者，乃所以善吾死也。（宇宙让我这样的形体承载我，让我一生劳累，让我老年安逸，让我死后安息。让我该来则来，该死则死）今大冶铸金，金踊跃曰"我且必为镆铘"，大冶必以为不祥之金。（冶炼炉里炼金属，哪块金属变成什么并不确定，如果有哪块金属说想变成锋利宝剑的一定是我，这块金属不从天命，刻意有所追求，一定是不祥之物）今一犯人之形，而曰"人耳人耳"，夫造化者必以为不祥之人。（每一个人与前面的金属是一个道理）今一以天地为大炉，以造化为大冶，恶乎往而不可哉！成然寐，蘧然觉。'（天地为大冶炼炉，谁变成什么都无所谓，沉沉地睡去，快乐地醒来）"[1]"道"就像风，万物就像随风而飘的尘埃，随遇而安，去哪里，黏合成什么都无所谓。没有喜欢什么，不喜欢什么。"子祀曰：'女恶之乎！'（子祀问子舆：你想变成什么）曰：'亡，予何恶！（子舆回答：没有想，无所谓变成什么）浸假而化予之左臂以为鸡，予因以求时夜（假如把我的左臂变成公鸡，我就让它报晓）；浸假而化予之右臂以为弹，予因以求鸮炙（假如把我的右臂变成弹丸，我就用弹丸打鸟烤着吃）；浸假而化予之尻以为轮，以神为马，予因以乘之，

---

[1]《庄子·大宗师》，史仲文主编：《中华经典藏书》，北京出版社1999年版，第2373页。

岂更驾哉（假如把我的尾巴骨变成车子，把我的精神变成拉车的马，我就乘着这辆车，何必要乘坐其他车）！且夫得者，时也，失者，顺也；安时而处顺，哀乐不能入也。'（得到，这是因时，失去，这是顺势。自愿因时顺势，情绪不受影响）"①庄子的意思是，只要承载着"道"，我变成什么形态都无所谓，我遭遇到什么都无所谓，而俗人往往迷恋执著的就是具体的形态。再打一个比喻：我笃信上帝。在追求上帝的过程中，保护了某人，某人竭力地颂扬我，但我对这个颂扬不感兴趣。因为他颂扬的是我保护了他，而不是因为颂扬我笃信和追求上帝。或许有一天我为了追求上帝，也可能会侵害他。他会骂我，但我不在乎，因为他骂的是我侵害了他，而不是反对我笃信和追求上帝。总之，我不会纠缠于追求上帝的过程中我得到了什么或失掉了什么。

七 《应帝王》——无为的治国见解

老子说："故圣人云：'我无为，而民自化；我好静，而民自正；我无事，而民自富；我无欲，而民自朴。'"②"我无为"就是我不要求民众按照我的想法干什么，而是激发出民众的生

---

① 《庄子·大宗师》，史仲文主编：《中华经典藏书》，北京出版社1999年版，第2373页。

② 《道德经》第五十七章，史仲文主编：《中华经典藏书》，北京出版社1999年版，第2346页。

命力，让民众自己解决自己的问题。老子还说："圣人常无心，
以百姓心为心。"①圣人不提出自己的方案，只激发百姓自身的
生命力，让百姓按自己的特点发展自己。"故以身观身，以家
观家，以乡观乡，以邦观邦，以天下观天下。"②根据个人的情
况激发个人，根据家族的情况激发家族，根据一乡的情况激发
一乡，根据一侯国的情况激发一侯国，根据天下的情况激发天
下。庄子也阐述了这一思想："夫圣人之治也，治外乎？（圣
人治理天下是强行让人们服从外在的规范吗？）正而后行，确
乎能其事者而已矣（找到正视事物的角度，发挥事物自身的长
处）。且鸟高飞以避矰弋之害，鼹鼠深穴乎神丘之下以避熏凿
之患，而曾二虫之无知（鸟以高飞躲避弓矢，鼹鼠深挖洞穴以
躲避烟熏和抓捕，人有人的聪明，难道鸟和鼹鼠它们是无知
的）。"③要进入激活万物的无为境界，人不能对具体事物有
任何私欲和兴趣。激活之却对之无任何兴趣，对被激活者的感
谢与赞美没有任何感觉。庄子叙述了一段对话："（天根问无名
人）曰：'请问为天下。'（请问怎样治理天下？）无名人曰：
'去！汝鄙人也，何问之不豫也！（走开！浅薄之人，怎么问
这个令人不快的问题！）予方将与造物者为人（我将与造物者

---

① 《道德经》第四十九章，史仲文主编：《中华经典藏书》，北京出版社1999年
版，第2344页。

② 《道德经》第五十七章，史仲文主编：《中华经典藏书》，北京出版社1999年
版，第2346页。

③ 《庄子·应帝王》，史仲文主编：《中华经典藏书》，北京出版社1999年版，
第2376页。

同一层次），厌则又乘夫莽眇之鸟，以出六极之外，而游无何有之乡，以处圹埌之野（腻味了就骑着虚无缥缈的鸟，出宇宙之外，游荡于什么都没有的境界，处于空旷无涯的空间）。汝又何帠以天下感予之心为？'（你干吗用梦幻不实的东西诱惑我的心呢？）又复问。无名人曰：'汝游心于淡（你心要恬淡），合气于漠（心绪要漠然），顺物自然而无容私焉（顺物而无我），而天下治矣。'"[①] 我追求的是伟大的"道"。至于追求"道"的过程中我做了什么好事，受到恩惠者怎么感谢我，怎么追捧我那是与我没有关系的，我的心不会为之所动。

---

①《庄子·应帝王》，史仲文主编：《中华经典藏书》，北京出版社 1999年版，第2376页。

第六讲
论《管子》的黄老道家

一 解读"管子"、"黄老"

（一）对《管子》一书书名的解读

《管子》一书涉及内容非常丰富，凡政治、法律、道德、哲学、宗教、生产技术都有探讨。书为何人所著？许多人！战国时期，"诸侯并争，厚招游学"[1]，各诸侯国的国君和大贵族都招揽贤士为自己服务，礼贤下士成为当时的社会风尚。其中

---

[1] 《史记·秦始皇本纪》，中华书局1959年版，第255页。

齐国做得更突出。齐国祖先姜太公因贤能受到周文王青睐，受封于齐。这或许影响齐国后来形成的尊贤纳士的传统。齐桓公田午继承了姜齐这一传统，借鉴春秋齐桓公的养士方法，在国都临淄稷门附近建立学宫，设"大夫"之号，广泛招揽天下文学游说之士，到此来传道授业、著书论辩。这即是稷下学宫的由来。大量士聚集在稷门学宫，击节抨案，唇舌相向，激烈地鸣放。到齐宣王时，学宫人气达到高峰。《史记·田敬仲完世家》说："宣王喜文学游说之士，自如驺衍、淳于髡、田骈、接予、慎到、环渊之徒七十六人，皆赐列第为上大夫，不治而议论，是以齐稷下学士复盛，且数百千人。"①《盐铁论·论儒第十一》说："齐宣王褒儒尊学，孟轲、淳于髡之徒，受上大夫之禄，不任职而论国事，盖齐稷下先生千有余人。"②齐宣王喜欢的到底是哪一家学问暂无须究，其重视和尊重有智慧的学者这是无疑问的。《管子》一书就是在这一背景下产生的。齐国君主付出巨额投入并非简单是出于个人对学术活动的喜好，而是把稷下学宫当作智库，希冀能够得到治国安邦方面智慧的回报。《管子》一书应该就是这种回报。

《管子》一书虽然用管子之名，但实际上并非管子本人所写，而是将管子之后齐国统治者比较认可的一些人的论文汇编。今本《管子》是在西汉时由刘向编定的，原有八十六篇，

---

① 《史记·田敬仲完世家》，中华书局1959年版，第1895页。
② 《盐铁论·论儒第十一》，史仲文主编：《中华经典藏书》，北京出版社1999年版，第5156页。

现只有七十六篇，内容分为八类：《经言》九篇，《外言》八篇，《内言》七篇，《短语》十七篇，《区言》五篇，《杂篇》十篇，《管子解》四篇，《管子轻重》十六篇。

为何要用《管子》这一书名呢？齐桓晋文的霸业一直是天下诸侯所梦想做到的，齐国有过称霸的历史，又是东方最大的国家，田齐自然十分渴望实现这个梦想。在《孟子》一书中，齐宣王问道："齐桓晋文之事，可得闻乎（齐桓晋文称霸天下的事业你能否给我讲一讲）？"①

管仲是齐桓公霸业的灵魂，是齐国霸业第一大功臣，连普通的齐国知识分子对其也心向往之。公孙丑问曰："夫子当路于齐，管仲、晏子之功，可复许乎？"孟子曰："子诚齐人也（你真不愧是齐国人呀），知管仲、晏子而已矣！"②托名管仲，这也应符合稷下学宫的投资人齐国君主的意愿。管仲是齐国名相，齐桓公霸业的总设计师、实际的指挥者，所以齐国统治者也会时时想到管仲。

总之，稷下学宫常以"管仲"二字作为表达伟业的符号。《管子》这本书的书名也可以解读为关于成就齐桓晋文伟业的论文集。

（二）对"黄老"二字的解读

田齐如何使齐国走向强大？除了物质条件外，精神上还需

---

① 《孟子·梁惠王上》，史仲文主编：《中华经典藏书》，北京出版社1999年版，第1122页。

② 《孟子·公孙丑上》，史仲文主编：《中华经典藏书》，北京出版社1999年版，第1126页。

要一个指导思想，而"黄老"就是其指导思想。

先解读"黄"。战国中期的齐威王时（公元前357年），制作了一件食器"陈侯因〔齐威王名〕敦〔食器〕"，其中刻有铭文曰："皇考孝武桓公〔田齐桓公田午〕，恭哉〔令人尊敬〕，大谟克成〔伟大的谋略能够成功〕。其唯因资扬皇考〔我要继承先人遗志〕，昭统，高祖黄帝〔中兴始祖黄帝的伟业〕，迩嗣桓、文，朝问诸侯〔近做到齐桓晋文的霸业，使诸侯归顺〕，合扬厥德〔大力发扬祖上的美好道德〕。"①这些铭文说明当时的田齐，已形成以黄帝为始祖的观念。黄帝本是远古时期一个大部落的酋长，田齐统治者攀上他可能有两个原因。

第一，追求血缘上的正统性。

齐国原本是姜氏的基业，田氏实为非法篡夺。田氏虽然竭力用道义包装自己，可在血统观念极为浓厚的当时，却很难洗刷掉自己以臣弑君的污点。孔子对田氏的篡夺就愤怒之极，乃至"沐浴而朝，告于哀公曰：'陈恒弑其君，请讨之。'"②庄子讲到圣人的道德、智慧、法度也能为盗贼所用时，也把田氏作为窃国大盗的典型："昔者齐国邻邑相望，鸡狗之音相闻，网罟之所布，耒耨之所刺，方二千馀里。阖四竟之内，所以立宗

---

① 张光远：《从考古发掘与经籍古文的印证论有熊氏黄帝》，《故宫季刊》1975年秋第10卷第1期。

② 《论语·宪问》，史仲文主编：《中华经典藏书》，北京出版社1999年版，第1109页。

庙社稷，治邑屋州闾乡曲者，曷尝不法圣人哉！然而田成子一旦杀齐君而盗其国。所盗者岂独其国邪？并与其圣知之法而盗之。故田成子有乎盗贼之名，而身处尧舜之安；小国不敢非，大国不敢诛，十二世有齐国。则是不乃窃齐国，并与其圣智之法以守其盗贼之身乎？"①韩非开列的篡臣名单，把田氏列为头号："以今时之所闻田成子取齐，司城子罕取宋，太宰欣取郑，单氏取周，易牙之取卫，韩、魏、赵三子分晋，此六人，臣之弑其君者也。""若夫齐田恒、宋子罕、鲁季孙意如、晋侨如、卫子南劲、郑太宰欣、楚白公、周单荼、燕子之，此九人者之为其臣也，皆朋党比周以事其君，隐正道而行私曲，上逼君，下乱治，援外以挠内、亲下以谋上，不难为也。"②"简公失其爪牙于田常，而不蚤夺之，故身死国亡。"③可见，田齐在当时的名声污浊不堪，以致儒法道三家的重量级思想家都指责他。

怎样才能漂白自己，甚至使自己的形象神圣起来呢？最佳的选择是打血统牌。田氏血统上攀援黄帝是有根据的。田氏祖上是姜齐桓公时因内乱奔齐的陈国公子陈完之后。陈氏姓妫，往前追是周朝创始人姬姓之后。姬姓又是黄帝之后。姜氏虽然

①《庄子·胠箧》，史仲文主编：《中华经典藏书》，北京出版社1999年版，第2381页。

②《韩非子·说疑第四十四》，史仲文主编：《中华经典藏书》，北京出版社1999年版，第4727页。

③《韩非子·人主第五十二》，史仲文主编：《中华经典藏书》，北京出版社1999年版，第4750页。

是齐国的奠基者，但毕竟也是姬姓封给他的。①"黄帝以姬水
成，炎帝以姜水成。……故黄帝为姬，炎帝为姜……"姜氏是
炎帝的后代，黄帝的地位高于炎帝，由此说明田氏的血统高于
姜氏。田氏血统的高贵性在《左传》里也有记载："晋侯问
于史赵曰：'陈其遂亡乎？'对曰：'未也。'公曰：'何
故？'对曰：'陈，颛顼之族也（陈氏是颛顼的后代），岁在
鹑火（木星挪到了十二星次的鹑火星次），是以卒灭（颛顼终
于灭亡了）。陈将如之（陈氏也随着灭亡了）。今在析木之
津（今木星已进入十二星次的析木关口），犹将复由（陈氏将
复兴）。且陈氏得政于齐而后陈卒亡（陈氏将在掌握齐国之后
灭亡）。自幕至于瞽瞍无违命（从幕到瞽瞍陈氏都没有违反天
命），舜重之以明德（舜又进一步增加了光明的道德），置德
于遂（德落到遂身上）。遂世守之（遂世世遵守）。及胡公不
淫（到了陈氏的祖先胡公也没有放弃），故周赐之姓（周天子
赐其姓陈），使祀虞帝（舜）。臣闻盛德必百世祀。虞之世数
未也，继守将在齐，其兆（征兆）既存矣。'"②颛顼相传是黄
帝子昌意的后裔，舜是颛顼的后裔，陈氏又是舜的后裔。这些
都说明田齐是黄帝的后代，血统比姜氏家族高贵。一个血统更
加高贵的家族取代血统较低的家族进行统治合乎情理，"篡夺"

---

① 《国语·晋语四·重耳逆怀嬴》，史仲文主编：《中华经典藏书》，北京出版
社 1999 年版，第6854页。
② 《左传·昭公八年》，史仲文主编：《中华经典藏书》，北京出版社 1999 年版，
第779页。

这个污点就可以洗刷掉了。

第二，田齐统治者幻想模仿传中的黄帝，称王于天下。

传说中的黄帝是最早称王于天下的统治者。《逸周书》、《山海经》、《庄子》、《周礼》、《商君书》、《韩非子》等古代典籍中都有黄帝居天下之重的记载。司马迁根据前人的传说，整理出历史上较为真实的黄帝。《史记·五帝本纪》载："轩辕乃修德振兵（文治武备），治五气（和谐不同的风俗习惯），艺五种（种植多种谷物），抚万民（安抚百姓），度四方（沟通各地），教熊罴貔貅貙虎（帮助不同图腾信仰的部落提高文化），以与炎帝战于阪泉之野。三战然后得其志。蚩尤作乱，不用帝命。於是黄帝乃徵师诸侯，与蚩尤战於涿鹿之野，遂禽杀蚩尤。而诸侯咸尊轩辕为天子，代神农氏，是为黄帝。天下有不顺者，黄帝从而征之，平者去之，披山通道，未尝宁居。"[1] 这是说，黄帝治理天下，为了天下的和平安定，战胜炎帝和蚩尤，征讨其他不顺服者。《礼记·月令》说："中央土。其日戊己，其帝黄帝，其神后土。"与黄帝相配的方位是"中央"，"中央"能够调配四方；与黄帝相配的五行要素是"土"，"土"生养万物；与黄帝相配的日是"戊己"，"戊己"按郑玄之注，其日"万物皆枝叶茂盛，其含秀者，抑屈而起……"[2] 这些说法都透露出黄帝具有支配天下的

① 《史记·五帝本纪》，中华书局 1959 年版，第 3 页。

② 《礼记·月令》，史仲文主编：《中华经典藏书》，北京出版社 1999 年版，第 408 页。

至高地位。因此，田齐统治者挟强齐之威，幻想像黄帝一样成为整个天下的主宰者。孟子与齐宣王对话时看穿了这一点。孟子问："然则王之所大欲，可知已。欲辟土地，朝秦楚，莅中国，而抚四夷也。"齐宣王没有否认，反而很有兴致地向孟子讨教实现这个理想的方法。①齐湣王觉得当王不过瘾，还想进一步称帝："三十六年，（齐湣）王为东帝，秦昭王为西帝。"②

　　以上就是田齐统治者尊黄帝为祖的原因。

　　下面解读"老"。黄老之"老"指老子之学。老子主张自然无为，由田齐操办的稷下学宫为何会成为宣讲老子之学的道场呢？笔者揣测，这可能与田齐替代姜齐的思路有关。前面说过，田氏本姓陈，是从陈国来齐国避难的外来家族。刚开始对姜齐统治者很恭顺，经过几代经营，势力逐渐壮大，最后愣是鸠占鹊巢篡夺了姜齐的国家。既然田氏是外来人，而且想反客为主、以臣凌君，就不可造次，必须建立支持自己的统一战线。田氏刚到齐国还是谨遵臣道的。《左传》载："陈公子完（田齐奔齐之祖）与颛孙奔齐。……齐侯（姜桓公）使敬仲（即陈公子完）为卿。（敬仲）辞曰：'羁旅之臣幸若获宥，及于宽政，赦其不闲于教训，而免于罪戾，弛于负担，君之惠也。所获多矣，敢辱高位以速官谤？请以死告。诗云：翘翘车

---

① 《孟子·梁惠王上》，史仲文主编：《中华经典藏书》，北京出版社1999年版，第1122页。
② 《史记·田敬仲完世家》，中华书局1959年版，第1898页。

乘，招我以弓。岂不欲往？畏我友朋。’使为工正（掌管器物
营造）。饮（陪）桓公酒，乐。公曰：‘以火继之（点灯接着
喝）。’辞曰：‘臣卜其昼，未卜其夜，不敢（臣子的职责只能
陪你白天喝酒，不能无节制地夜里再喝）。’君子曰：‘酒以成
礼，不继以淫，义也；以君成礼，弗纳于淫，仁也。’”① 田氏
到达齐国的第一代陈敬仲一开始在姜齐很谦卑、恭顺、低调，
树立道德形象，以博得齐国君臣民众的好感。这就是老子说的
“上善若水”。一开始，他们像水一样不争高位，“善利万物而
不争”。② 如何“善利万物而不争”？历任齐灵公、齐庄公、
齐景公三朝的卿相，辅政长达五十余年的晏婴这样叙述：“齐
旧四量（四种体积度量），豆、区、釜、钟。四升为豆，各自
其四，以登于釜（四豆为区，四区为釜）。釜十则钟（十釜为
钟）。陈氏三量皆登一焉（五豆为区，五区为釜），钟乃大矣
（一钟体积比公家要大得多）。以家量贷，而以公量收之（大
斗借出，小斗收回）。山木如市，弗加于山（山上砍伐的木材
运到市场卖不加价）；鱼、盐、蜃、蛤，弗加于海（海产运到
市场不加价）。”优惠民众如此之大。相反，姜齐统治者对民
众进行残酷的剥削压迫：“民参其力，二入于公，而衣食其一
（民众收入三分之二上交）。公聚朽蠹，而三老冻馁（姜齐国

---

① 《左传·庄公二十二年》，史仲文主编：《中华经典藏书》，北京出版社 1999
年版，第779页。
② 《道德经》第八章，史仲文主编：《中华经典藏书》，北京出版社 1999年版，
第2333页。

库中财物多的都霉变腐烂，基层连德高望重办事能力强的长者都挨冻受饿），国之诸市，屡贱踊贵（因贫困而犯罪的人太多，受刖足刑罚者众，假肢需求量增长迅速，以致市场上假肢贵于鞋子）。"田氏利用姜氏失去民心之时而乘机扩大自己的群众基础。"民人痛疾，而或燠休之（遭受苦痛的民众，常有受到田氏抚慰者）。其爱之如父母，而归之（民众心向田氏）如流水。欲无获民，将焉辟之？箕伯、直柄、虞遂、伯戏，其相胡公、大姬已在齐矣（指田氏家族及旁系许多贵族都已从陈国进入齐国扎下根，充实了田氏的势力）。"所以，"晏子曰：'此季世也，吾弗知齐其为陈氏矣。公弃其民，而归于陈氏（姜齐已到末世，统治者抛弃民众，民心向往田氏。齐政早晚会归于田氏）。'"①

田氏篡夺政权不是使用简单粗暴地强梁方式，而是老子的思维方式。"圣人常无心，以百姓心为心。"②《管子·牧民》发挥了"以百姓心为心"："政之所兴，在顺民心。政之所废，在逆民心。民恶忧劳，我佚乐之。民恶贫贱，我富贵之，民恶危坠，我存安之。民恶灭绝，我生育之。"③我之所作所为处处顺乎民心。田氏大斗借出，小斗收回，抚慰苦痛民众，就是顺民心。"能佚乐之，则民为之忧劳。能富贵之，则民为之贫贱。

①《左传·昭公三年》，史仲文主编：《中华经典藏书》，北京出版社1999年版，第768页。

②《道德经》第四十九章，史仲文主编：《中华经典藏书》，北京出版社1999年版，第2344页。

③《管子·牧民第一》，史仲文主编：《中华经典藏书》，北京出版社1999年版，第4385页。

能存安之，则民为之危坠。能生育之，则民为之灭绝。"田氏顺了民心，所以民众支持他，甘愿为他做出牺牲。

老子说："曲则全，枉则直，洼则盈，敝则新，少则多，多则惑。"①"将欲取之，必故与之。"②田氏没有夺取政权之前，就竭力地委屈自己，能退让就退让。昭公十年夏天，田氏首领陈桓子在与栾氏、高氏的冲突中大获全胜，并与同时获胜的鲍氏瓜分了他们的地盘和财产。可是，田氏并没有狂妄自大，而是接受了晏婴的建议，低调、谦让、仁慈，向弱者施恩。"晏子谓（陈）桓子（田氏首领）：'必致诸公（所得好处一定要给君主）！让，德之主也是（谦让是道德之最根本）。让之谓懿德（谦让被称为最美的道德）。凡有血气，皆有争心（有生命者皆有争利之心）。故利不可强，思义为愈（利不可强行求取）。义，利之本也（不违反义，这是求利的根本）。蕴利生孽（心聚藏利就会生出妖孽）。姑使无蕴乎！可以滋长（还是使自己心无聚藏利吧，可以使自己逐渐壮大）。'"田氏接受了晏婴的劝说，大方地施恩于众。"桓子尽致诸公（把胜利果实悉数上交君主），而请老于莒（请求告老回莒）。桓子召子山，私具幄幕、器用、从者之衣屦，而反棘焉（田氏叫被他打败的子山来，为他准备了帷帐、器物、其随从的衣服鞋子。把夺取了他的棘地还给

①《道德经》第二十二章，史仲文主编：《中华经典藏书》，北京出版社1999年版，第2336页。
②《道德经》第三十六章，史仲文主编：《中华经典藏书》，北京出版社1999年版，第2340页。

他）。子商亦如之，而反其邑。子周亦如之，而与之夫子（对子
商、子周也是如此）。反子城、子公、公孙捷，而皆益其禄（让
这三个人回国，增加他们的俸禄）。凡公子、公孙之无禄者，
私分之邑。国之贫约孤寡者，私与之粟。……陈氏始大。"①委
屈、退让、豁然大度、慷慨大方，深得人心，势力反而膨胀起来
了。夺取姜齐政权之后，在外交上，田齐一开始也实行退让。
"田常既杀简公，惧诸侯共诛己，乃尽归鲁、卫侵地，西约晋、
韩、魏、赵氏，南通吴、越之使。"②这些外交活动使得田氏篡
齐免于遭受外来威胁，甚至还得到了魏文侯的支持。"魏文侯乃
使使言周天子及诸侯，请立齐相田和为诸侯。"③以上说明，老
子的哲学使得田氏尝到了许多甜头，所以田齐偏爱老子的思想。

以上是黄老思想在稷下学宫盛行并得到田齐王支持的原因。

《管子》黄老道家思想的特点是什么？由于齐国君主资助
稷下学者有功利性的目的，《管子》作者理当多是注重实际功
效的人，所以不会刻意地纯用虚玄的道家，而是儒家、法家、
道家三者相融合。三家平列？非也！以道家为灵魂，以儒法为
外形。以道家为基本原则，以儒法为具体发挥。儒法之间如同
两个车轮，维系平衡。

① 《左传·昭公十年》，史仲文主编：《中华经典藏书》，北京出版社 1999 年版，
第 781 页。
② 《史记·田敬仲完世家》，中华书局 1959 年版，第 1884 页。
③ 《史记·田敬仲完世家》，中华书局 1959 年版，第 1886 页。

二　《管子》中的道家思想

《管子》中道家思想在许多篇中都有，最集中的有四篇：《心术上》、《心术下》、《白心》、《内业》。《管子》这四篇一方面继承了老子思想，另一方面又在一定程度上淡化了老子思想的虚玄性。这表现在对以下几个问题的论述中。

（一）论"道"

前已说过，老子从来不说"道"是什么，只是形容描绘"道"是什么样，后人只能通过他的形容描绘去体悟"道"是什么。《管子》也一样，不说"道"是什么，只是形容描绘。但是，《管子》的形容描绘使得"道"比老子更加丰富并贴近现实，把握起来更加容易。

1. 对"道"的形容描绘

老子把"道"形容得很神秘："视之不见，名曰夷；听之不闻，名曰希；搏之不得，名曰微。此三者不可致诘，故混而为一。其上不曒，其下不昧。绳绳兮不可名，复归于无物。是谓无状之状，无物之象，是谓惚恍。迎之不见其首，随之不见其后。执古之道，以御今之有。能知古始，是谓道纪。"①"道"无形迹，故"视之不见"，"听之不闻"，"搏之不得"。"夷"、"希"、"微"是不同的惊叹词，惊叹"道"可"视"、"听"、"搏"，却不可得。面对神奇的"道"惊叹而已，不可再穷究。"道"之表不明朗，"道"之里不昏暗，绵延长存却无法命名。琢磨了半天什么也没把握住，还是归结为"无物"。这就叫没有固定状态的状态，没有具体物的物象，也叫做"惚恍"。想在其前迎之，但找不到其头；想在其后随之，但找不到其尾。用亘古之道处理今日之事，就能够知道古代之事，因为古今之事都在"道"的纲纪之内，跑不出同一"道"之理。这些是老子对"道"的描绘。

《管子》也说"道"不可感知："虚无无形谓之道。"②"道"形态虚无，看不到任何形体。"道也者，动不见其形，施不见其德，万物皆以得，然莫知其极。故曰'可以安而不可说也。'"③"道"动而不显其形，有所施予而不显露其有德，万

①《道德经》第十四章，史仲文主编：《中华经典藏书》，北京出版社1999年版，第2334页。
②《管子·心术上第三十六》，史仲文主编：《中华经典藏书》，北京出版社1999年版，第4478页。
③《管子·心术上第三十六》，史仲文主编：《中华经典藏书》，北京出版社1999年版，第4478页。

物皆能得到他，却不知道他的究竟，所以"道"可以放心依傍，却不可以说出。"冥冥乎不见其形，淫淫乎与我俱生，不见其形，不闻其声，而序其成谓之道。"①昏暗中看不见其形状，整日渗透着我的生活而不见其形，不闻其声，然而却能够把它整理出来，这就是"道"。"大道可安而不可说。"②"道"可以依傍而不可说。《道德经》一开始就讲："道可道，非常道。名可名，非常名。"③"道"可以说出就不是真正的"道"，名称可以直接命称就不是真正的名称了。为什么不可说？老子没有回答，《管子》则做出回答："真人之言，不义（斜）不颇。"④懂得"道"的人不说出"道"是什么，是怕一说出就划入某一倾向或片面。

《管子》对"道"的形容虽然也有神秘性，但与老子相比，神秘性开始褪色。

《管子》说："道在天地之间也，其大无外，其小无内，故曰不远而难极也。"⑤"道"虽然难以穷尽，但还是存在于

---

①《管子·内业第四十九》，史仲文主编：《中华经典藏书》，北京出版社 1999 年版，第4495页。

②《管子·心术上第三十六》，史仲文主编：《中华经典藏书》，北京出版社 1999年版，第4478页。

③《道德经》第一章，史仲文主编：《中华经典藏书》，北京出版社 1999年版，第2331页。

④《管子·心术上第三十六》，史仲文主编：《中华经典藏书》，北京出版社 1999年版，第4478页。

⑤《管子·心术上第三十六》，史仲文主编：《中华经典藏书》，北京出版社 1999年版，第4478页。

"天地之间"，不是老子说的"先天地生"①，不用超越到"先天地"，只需在天地之间即可得"道"。所谓"无外"之大和"无内"之小，可以理解为大也可以，小也可以，到处有"道"。大至于泰山，小至于秋毫之末，"道"无处不在，非神秘不可即。

"道"还有一个可以把握的属性："天之道，虚其无形。虚则不屈，无形则无所抵牾，无所抵牾，故遍流万物而不变。"②"道"虽然"无形"不能见到，但与万物"无所抵牾"、"遍流万物而不变"。这就提供了把握"道"的思路——柔顺、随和、灵活、与世无抵，流转于千差万别的万物之中而不改变自己。

另外，《管子》对"道"的形容比老子要丰富具体："道之大如天，其广如地，其重如石，其轻如羽……（道如天大，如地广，如石重，如羽毛轻）。"③"道"是什么样？如天之大，地之广，石之重，羽之轻。"天"、"地"、"石"、"羽"皆随处可见，所以"道"离人很近。"故曰：吾语若大明之极（所以说我所说的道犹如高悬的日月）。大明之明非爱（隐瞒），人不予也（极光明而无遮掩，只是人不追求罢

---

① 《道德经》第二十五章，史仲文主编：《中华经典藏书》，北京出版社1999年版，第2337页。
② 《管子·心术上第三十六》，史仲文主编：《中华经典藏书》，北京出版社1999年版，第4478页。
③ 《管子·白心第三十八》，史仲文主编：《中华经典藏书》，北京出版社1999年版，第4482页。

了）。"①

从以上叙述来看，《管子》对"道"的形容描绘虽然仍显神秘，但比老子的"道"，可把握性相对大些。

2."道"的具体化 ——"德"

"道"是抽象的，但把握"道"必须通过其具体形态 ——"德"。老子《道德经》既讲"道"又讲"德"。"道"与"德"是什么关系？老子说："故从事于道者，同于道；德者，同于德；失者，同于失。"②（"道"是宏观，"德"是微观）"故失道而后德，失德而后仁，失仁而后义，失义而后礼。夫礼者，忠信之薄，而乱之首。"③（"道"是整体，"德"是局部）概略地说，"道"和"德"分属于不同的层次。宏观、整体没有具体形状，"道生之，德畜之，物形之，势成之。是以万物莫不尊道而贵德。道之尊，德之贵，夫莫之命而常自然。故道生之，德畜之；长之育之；成之熟之；养之覆之"④。不仅层次不同，两者的功能也不同。"道"激活万物，"德"养育万

---

① 《管子·白心第三十八》，史仲文主编：《中华经典藏书》，北京出版社1999年版，第4482页。

② 《道德经》第二十三章，史仲文主编：《中华经典藏书》，北京出版社1999年版，第2336—2337页。

③ 《道德经》第三十八章，史仲文主编：《中华经典藏书》，北京出版社1999年版，第2341页。

④ 《道德经》第五十一章，史仲文主编：《中华经典藏书》，北京出版社1999年版，第2344—2345页。

物。由上可见，老子是通过"德"开始把"道"具体化。

《管子》延续这个趋势往下走。在老子那里，"德"与"道"的差别仍比较突出，"失道而后德"①，失去"道"而后得到"德"，两者是无和有的关系，即无"道"而后有"德"。《管子》则不这样认为。"德者道之舍（'德'是'道'的某一居住状态），物得以生生（具体事物得以生出）。知得（德）以职（识）道之精（由'德'可知'道'之精髓）。故德者得也（'德'就是得到'道'），得也者，其谓所得以然也（所谓得到，就是'道'得以实现了）。以无为之谓道，舍之之谓德（'道'以无为的方式漫游，'德'就是'道'的随遇而暂居的状态），故道之与德无间（两者并无间距）。故言之者不别也（谈论两者时毋须别为两物）。"②在《管子》这里，"道"与"德"不是两个不同的东西，而是事物与事物的状态的关系。

"道"都有什么状态？"虚无无形谓之道。化育万物谓之德（没有形态时就是赤裸裸的'道'，化育出无数形态就是'德'）。君臣父子人间之事谓之义。登降揖让，贵贱有等，亲疏之体，谓之礼。简物大小一道，杀僇禁诛谓之

---

① 《道德经》第三十八章，史仲文主编：《中华经典藏书》，北京出版社1999年版，第2341页。

② 《管子·心术上第三十六》，史仲文主编：《中华经典藏书》，北京出版社1999年版，第4478页。

法。"①"义"、"礼"、"法"就是"道"在不同领域，解决不同问题的不同形态，都是"德"。

3."一"过渡到"多"——"道"的神秘面纱渐渐揭开

老子说："道生一，一生二，二生三，三生万物。"②"天下有始，以为天下母。既得其母，以知其子，复守其母，没身不殆。"③"有物混成，先天地生。寂兮寥兮，独立而不改，周行而不殆，可以为天地母。吾不知其名，强字之曰道，强为之名曰大。"④"道"是一，万物是多。一与多的关系是什么？是如同母生子？是如同树根与枝叶？是如同本质与现象？但是，一如何过渡到多？老子没有明确地说出。《管子》推进了这个问题的解决。《管子》发挥道："凡道，无根无茎，无叶无荣，万物以生，万物以成，命之曰道。"⑤这是把"道"比喻为种子，种子"无根无茎，无叶无荣"，但却是根茎花叶之所

① 《管子·心术上第三十六》，史仲文主编：《中华经典藏书》，北京出版社1999年版，第4478页。

② 《道德经》第四十二章，史仲文主编：《中华经典藏书》，北京出版社1999年版，第2342页。

③ 《道德经》第五十二章，史仲文主编：《中华经典藏书》，北京出版社1999年版，第2345页。

④ 《道德经》第二十五章，史仲文主编：《中华经典藏书》，北京出版社1999年版，第2337页。

⑤ 《管子·内业第四十九》，史仲文主编：《中华经典藏书》，北京出版社1999年版，第4496页。

以然。《管子》使用了类似于解析几何的方法，用可视的几何图形解读不可视的抽象的代数。《管子》使用"精"、"水"等人们可以直接感知到的物质来解读不可感知的抽象到极点的"道"，使人们可以对"一"如何过渡到"多"有了可以直接感知到的认识。

关于"精"，《管子·内业》用"精"来比喻"道"。"精也者，气之精者也"，万物由气构成，"精"乃气中最细微者，相当于生命力。可理解为古希腊哲学家德谟克利特所说的，特构成人的灵魂的最精细的"原子"。"思之思之，又重思之（思'精'一旦进入物质中，物质就活了。思考思考又不断地再思考）。思之而不通，鬼神将通之（思考不通用卜筮的方式来弄通），非鬼神之力也，精气之极也（并非卜筮本身有灵验的力量，而是精气作用发挥到极致）。"[1] 有了"精气"，物质才有灵魂，也就是说才能被激活。人也离不开"精"，"凡人之生也，天出其精，地出其形，合此以为人。"[2] 人的产生需要精子与卵子的结合。当时人的观念是男尊女卑天尊地卑，所以来自上天的、男性的要素是最精华的，提供生命力，故称为"精"。来自大地的、女性要素是粗糙的，只提供外形，故称为"形"。"精"激活"形"，是"形"的灵魂；"形"不能

---

[1]《管子·内业第四十九》，史仲文主编：《中华经典藏书》，北京出版社1999年版，第4496页。

[2]《管子·内业第四十九》，史仲文主编：《中华经典藏书》，北京出版社1999年版，第4496页。

反过来激活"精"。不光人是这样，万物也是这样。"凡物之精，比则为生（精与粗糙之物结合就产生了活生生的世界），下生五谷，上为列星，流于天地之间，谓之鬼神，藏于胸中，谓之圣人（五谷、列星、鬼神、圣人全出现）。"①有人说《管子》书"精"就是"精气"，这有可能。但《管子》很少用"精气"概念，多用"精"，所以还不能明确说"精"就是"精气"。

　　"精"激活万物，雄性激活雌性，无形激活有形，也就是说"一"激活"多"。"一"与"多"的关系丰富具体了。

　　关于"水"。《管子》还用"水"来比喻"道"。老子也用"水"比喻"道"："上善若水。水善利万物而不争，处众人之所恶，故几于道。"②"天下莫柔弱于水，而攻坚强者莫之能胜，以其无以易之。"③老子赞扬"水"，是侧重于"水"的柔弱属性。"水"柔弱谦卑，可以为天下母；"水"柔弱可以胜刚强。但是，在老子那里，"水"只能表达"道"的柔弱属性，不能够解读"一"与"多"的关系。《管子》把"水"由普通的具体的水升华为与"道"相同层次的哲学之水。首先，水具有超出一般事物的伟大品德："夫水淖弱以清，而好洒人

---

①《管子·内业第四十九》，史仲文主编：《中华经典藏书》，北京出版社1999年版，第4495页。

②《道德经》第八章，史仲文主编：《中华经典藏书》，北京出版社1999年版，第2333页。

③《道德经》第七十八章，史仲文主编：《中华经典藏书》，北京出版社1999年版，第2351页。

之恶，仁也；视之黑而白，精也；量之不可使概，至满而止，正也；唯无不流，至平而止，义也；人皆赴高，己独赴下，卑也；卑也者，道之室，王者之器也，而水以为都居（水的本性是柔弱清白，善于洗涤人的秽恶，这是它的仁；看似黑实质是白，这是它的精深；计量水不必使用刮平斗斛的概，满了就自动停止接纳，不贪得无厌，这是它的正派；可以流向各处，直至达到恰当合适的平衡为止，这是它的义；人皆攀高，水独就低，这是它的谦卑。谦卑才是道之所居，是王者之素质，而水是以低位作为聚积处）。"这里讲的品德除了"人皆赴高，己独赴下"是老子提到之外，其他都是《管子》的进一步推衍。

在"一"与"多"的关系上，"水"是万物之所以然。《管子》说："是故具者何也？（孰为一切事物所必具备者）水是也。万物莫不以生，唯知其托者能为之正。具者，水是也，故曰：水者何也？万物之本原也。"生活常识告诉我们，万物没有水就会死，"水"激活万物，所以要从哲学的高度认识水。"地者，万物之本原，诸生之根菀也。美恶贤不肖愚俊之所生也（地是万物的来源，是一切生命的根植，美与丑，贤与不肖，愚蠢无知与才华出众都是由它产生的）。（地之所以生育万物是由于地中有水）水者，地之血气，如筋脉之通流者也。故曰水，具材也（水是地的血液、生命力，它使生命的筋脉通畅地流动起来，所以说水是万物之所以然之物）。"没有"水"，万物就停止运行成为僵尸。"水"是万物繁盛之所以然："水"，"集于天地而藏于万物，产于金石，集于诸生，故曰水神。集于草木，根得其度，华得其数，实得其量，鸟兽得之，形体肥大，羽毛丰茂，文理明著，万物莫不尽其几。反其常者，水之内度适也（水聚集于天地，渗透于万物之中，从岩石中流出，又汇聚于生命之中，所以说水是生命之神。水汇聚于草木之中，根系就能扎到适当的深度，开出尽量多的花朵，收到尽量多的果实；汇聚于鸟兽体中，鸟兽就形体肥大、羽毛丰满、文理分明毛色光鲜。如果离开水，万物就激发不出生机。万物回归它恒常之状态，缘于其体内蕴含着适当的水）。""水"不但激活万物，还是万物的量度属性得以确立的依据："准也者，五量之宗也。素也者，五色之质也。淡也者，五味之中也。是以水者万物之准也（标准性是各种量器具备衡量功能的依据。清白是各种颜色得以确定的依据，淡味是各种味道得以确定的依据。水是清白和淡而无味的，是度量万物味色的根本依据）。"

"水"不仅激活自然物性，还形成人："人，水也。男女精气合，而水流形（人是水构成的，是以水的形态存在的男女精气的结合，所以是水流聚合成胚胎）。""水"不仅形成人，还形成人的品性。"水""诸生之宗室也，美、恶、贤、不肖、愚、俊之所产也（水是一切生命的宗祖。美、丑、有德、无德、愚昧、才俊都产生于水）。何以知其然也？夫齐之水逎躁而复，故其民贪粗而好勇（齐国的水湍急而浪大，所以齐国人就贪婪、粗猛、好勇斗狠）。楚之水，淖弱而清，故其民轻果而敢（楚国的水流缓而清澈，所以楚国人就轻巧、果断、敢为）。越之水，瘘重而泪，故其民愚疾而垢（越国的水污浊而且到处都是，故越国人就愚昧、相嫉妒、不讲卫生）。秦之水泔冣而稽，淤滞而杂，故其民贪戾，罔而好事（剸）齐（'剸齐'——刺杀）（秦国的水腐质滞积，脏污淤满，所以秦国人就贪婪、残暴、无知、好杀伐）。晋之水枯旱而运，淤滞而杂，故其民谄谀而葆诈，巧佞而好利（晋国的水苦涩、浑浊、滞塞、污杂，所以晋国人就谄谀、内心包藏伪诈、巧佞、贪财）。燕之水萃下而弱，沉滞而杂，故其民愚戆而好贞，轻疾而易死（燕国的水汇聚于深坑、水流细、沉淀物厚、杂物多，所以燕国人淳朴、厚道、坚定、正直、暴躁、不怕死）。宋之水轻劲而清，故其民简易而好正（宋国的水流速均匀、清澈见底，所以宋国人淳朴、正派）。"既然"水"决定人的品性，那么改造世俗的关键是改造"水"。"是以圣人之化世也，其解在水……是以圣人之治于世也。不人告也，不户说也，其枢在水（因此圣人化育世俗，以水为头绪。所以，圣人治天下，不去烦琐地一个一个人、一户一户人地做工作，只是抓住水这个核心）。"①

《管子》对"精"和"水"与万物关系的探讨难免有许多

① 《管子·水地第三十九》，史仲文主编：《中华经典藏书》，北京出版社1999年版，第4483—4484页。

牵强附会之处，但就当时的社会发展水平来说，《管子》的探讨应该说达到了当时科学和哲学的前沿。《管子》的贡献在于，通过推衍"精"、"水"与万物的关系，使"一"向"多"的过渡得到具体化、形象化的表述。

总之，"道"在《管子》书中更加丰富、具体、贴近生活，把握起来更加方便。

（二）如何认识"道"

"道"是存在的，但是如何认识它？老子提出的方法是："为学日益，为道日损。损之又损，以至于无为。"① 追求具体的知识应该一天比一天掌握的多，追求"道"脑子里执着的具体事情就越来越少，少到无为的程度。这是说，认识"道"就不能拘泥于具体事物。这就像前已提到过的物理学家冯·劳厄所说：什么是物理学的素质？当你把具体的物理学知识都忘光，你头脑中剩下的就是物理学素质。表面上看你头脑中什么物理学知识都没有，其实你头脑中具备了生机勃勃的物理学素质，什么知识都能够知道。忘掉一切具体知识，内心空虚了。所以老子说："致虚极，守静笃。万物并作，吾以观复。"② 内

---

① 《道德经》第四十八章，史仲文主编：《中华经典藏书》，北京出版社 1999年版，第2344页。

② 《道德经》第十六章，史仲文主编：《中华经典藏书》，北京出版社 1999年版，第2335页。

心达到最虚廓的程度，就能实实在在地保持静观。对杂然并起的万物，我就能看出他们的归宿。这是说不拘泥、不躁动，才能洞察出万物的归宿 ——"道"。老子的这些话反映出"道"很难认识，需要用超常的方法去认识。

《管子》搜寻老子思想中的一些有利于淡化神秘色彩的端倪，推动其向非神秘化转化。

1. 执一

老子说："载营魄抱一，能无离乎？"[1]自身载住灵魂聚精于一，能不旁骛吗？《管子》也和老子一样，说："一以无贰，是谓知道（内心专一不旁骛这才是懂得了道）。将欲服之，必一其端，而固其所守（要想做到道，从开始就必须专注于一点，坚守不变）。"[2]这和老子一样，抓住"一"就抓住了"道"，做到"道"必须固守于一点。

但是，《管子》没有满足于老子所说，而是进一步深入、丰富：执一可以伸展认知能力。《管子》说："专于意，一于心，耳目端，知远之证（集中意念，心绪统一，耳目视听端正，就能就近而知远）。能专乎？能一乎？能毋卜筮知凶吉

① 《道德经》第十章，史仲文主编：《中华经典藏书》，北京出版社1999年版，第2333页。
② 《管子·白心第三十八》，史仲文主编：《中华经典藏书》，北京出版社1999年版，第4482页。

乎？（能集中意念吗？能统一心绪吗？能不占筮就洞察未来的吉凶吗）"① 老子只是说执一就能守"道"，《管子》进一步说，执一还能就近而知远，能不占筮而提前洞察吉凶。

执一是在动态中实现的。"一物能变曰精，一事能变曰智（专注于一物而能应变叫做精，专注于一事而能灵活应对叫做智）。募选者，所以等事也（筛选是为了划分不同层次的事物）。极变者，所以应物也（尽可能多变是为了适应事物）。募选而不乱，极变而不烦，执一之君子（筛选有序不混乱，多变而不烦扰，这是做到专一的君子）。"② 执一并非不接触万物，而是在灵活应对和筛选万物中保持专一。

执一是在处理各种具体事物中实现的。"执一而不失，能君万物（坚持专一而不放松，就能够统率万物）。"③ 执一就是一方面不偏离基本准则，另一方面灵活地恰当地应对万物，能应对万物，就能够达到极高的境界："日月之与同光，天地之与同理（君子与日月天地相一致）。"日月对万物无不照映，天地对万物无不覆载，如果执一，就能像日月天地一样照射覆载万物。《管子》的用语虽然也十分虚玄，但把执一与应对万

---

① 《管子·心术下第三十七》，史仲文主编：《中华经典藏书》，北京出版社1999年版，第4480页。
② 《管子·心术下第三十七》，史仲文主编：《中华经典藏书》，北京出版社1999年版，第4480页。
③ 《管子·心术下第三十七》，史仲文主编：《中华经典藏书》，北京出版社1999年版，第4480页。

物结合起来，执一落在了实处。

2. 无为

老子多处讲"无为"："是以圣人处无为之事，行不言之教；万物作而弗始，生而弗有，为而弗恃，功成而弗居。"①圣人不逞己欲、不显己能，不于大道之外另有所作为。大道运行，圣人顺之而已，不当创造者、拥有者、主宰者、居功者。"是以圣人之治，虚其心，实其腹，弱其志，强其骨。常使民无知无欲。使夫智者不敢为也。为无为，则无不治。"②老百姓就是要吃饱肚子、身体好。因顺民众的实际需求就是"无为"。"无为"社会才安定。"道常无为而无不为。侯王若能守之，万物将自化。"③"道"的运行方式是无为而无不为。当权者治世若能守住"道"，万民将自我生育养长。"为学日益，为道日损。损之又损，以至于无为。无为而无不为。取天下常以无事，及其有事，不足以取天下。"④对知识的学习应一天比一天丰富，对"道"的掌握应简而又简，以至于无所执。

① 《道德经》第二章，史仲文主编：《中华经典藏书》，北京出版社 1999年版，第2331页。

② 《道德经》第三章，史仲文主编：《中华经典藏书》，北京出版社 1999年版，第2331页。

③ 《道德经》第三十七章，史仲文主编：《中华经典藏书》，北京出版社 1999年版，第2340页。

④ 《道德经》第四十八章，史仲文主编：《中华经典藏书》，北京出版社 1999年版，第2344页。

最大的最根本的是"道"，"道"是软件。"道"只激活各项具体工作，而不去介入具体工作，故表现为"无为"。行"道"者如果整日汲汲于具体工作，结果只能是顾此失彼，紊乱全局。老子对"无为"的含义还是清楚的。

《管子》的"无为"比老子解读得更容易理解。"心之在体，君之位也。九窍之有职，官之分也。心处其道，九窍循理（心处于道，各器官的运行就遵循理）；嗜欲充益，目不见色，耳不闻声。""无为"先需要摆正思维之心与各个感官的位置。心居主宰，感官各应对其物。"故曰：上离其道，下失其事（上峰行事脱离道，专事低于道的具体事物，下级就会无所事事）。毋代马走，使尽其力；毋代鸟飞，使弊其羽翼。毋先物动，以观其则。动则失位，静乃自得。"①"无为"就是心不降低层次，居主宰之高位，不越俎代庖地汲汲于具体局部事物。《管子》所讲，普通人都能明白，比老子讲的容易把握。

3."无欲"

要得到"道"必须"无欲"。老子的"无欲"状态是："荒兮，其未央哉（我心中是道，故广阔而无穷）！众人熙熙，如享太牢，如春登台（众人热热闹闹地享受生活，如享大餐，如高台览春）。我独泊兮，其未兆；沌沌兮，如婴儿之未

① 《管子·心术上第三十六》，史仲文主编：《中华经典藏书》，北京出版社1999年版，第4477—4478页。

孩；累累兮，若无所归（我独淡漠，不显踪迹；我处混沌中，如婴儿初生还不能逗乐；我四处漫游，若无所归）。众人皆有馀，而我独若遗。我愚人之心也哉（众人皆盈，我独亏，我好像有一颗愚人之心啊）！俗人昭昭，我独昏昏。俗人察察，我独闷闷。众人皆有以，而我独顽且鄙（世人皆明白，我独昏沉；世人皆精明，我独糊涂涂；世人皆有所追求，我独愚顽浅陋）。我独异于人，而贵食母（唯我与众不同，我注重的是万物之根本）。"①老子对"无欲"形态的描绘是在世俗中躲避、退让、不计较，似乎傻乎乎。

《管子》也讲"无欲"，但不是简单地躲避、退让、不计较，而是积极主动地自我控制。"天曰虚，地曰静，乃不忒（天道讲虚，地道讲静，各循其理，所以万物不会出现差错）。"②天地无欲，各循其理，故万物无差错。循客观之理的方法是无欲，无欲是主动进行的："洁其宫，开其门（清扫内心，开放的心态客观地对待一切事物），去私毋言（排除私欲毋须表白），神明若存（神明似乎显现）。纷乎其若乱，静之而自治（事物纷繁复杂好像混乱，安静下来，不受情绪干扰，自然能够治理得有条不紊）。"③主动地清扫、开放、去私，消除欲

---

① 《道德经》第二十章，史仲文主编：《中华经典藏书》，北京出版社1999年版，第2336页。

② 《管子·心术上第三十六》，史仲文主编：《中华经典藏书》，北京出版社1999年版，第4478页。

③ 《管子·心术上第三十六》，史仲文主编：《中华经典藏书》，北京出版社1999年版，第4478页。

望，为神明入心创造主观条件。无欲不是什么都不追求，只是要适可而止。"持而满之，乃其殆也（捞的足足的也就危险了）。名满于天下，不若其已也（誉播寰宇不如赶紧打住）。名进而身退，天之道也（名声越高，越要及时退隐，这是盛而不衰之道）。满盛之国，不可以仕任（不可去他那儿做官），满盛之家，不可以嫁子（不可把女儿嫁给他），骄倨傲暴之人，不可与交。"①老子的"知足"只是满足于禁欲的"小国寡民"。《管子》的"知足"则是不要刻意追求"名满于天下"、"满盛之国"、"满盛之家"。《管子》的"知足"比老子的禁欲主义的"知足"更具有现实性意义。

4. 把握情绪情感

在老子看来，心中保存"道"不是件舒服事，必须小心翼翼，如走在冰冻的河上，生怕滑倒或掉进冰窟窿，不敢轻动，好像害怕得罪四邻，谨慎认真如寄居之客。总之，比较难受。

在《管子》看来，认识"道"固然要控制情绪情感，但控制情绪情感并不是件难受的事。"凡心之刑，自充自盈，自生自成（心灵的状态自然地充满内容，自然地形成自我）。其所以失之，必以忧乐喜怒欲利（所以失去自我，必因为情绪和贪利）。能去忧乐喜怒欲利，心乃反济（完满）。彼心之情，利

---

① 《管子·白心第三十八》，史仲文主编：《中华经典藏书》，北京出版社 1999 年版，第4482页。

安以宁，勿烦勿乱，和乃自成（心境乃自然平和）。"①控制情绪情感和欲望，心境能够平和。"凡人之生也，必以其欢。忧则失纪，怒则失端，忧悲喜怒，道乃无处（人的生活必须保持欢畅的心态。过忧则乱了秩序，过怒则失去头绪，过度地喜怒哀乐，道就不能存于心）。"②

　　人为什么不能掌控喜怒哀乐保持欢畅的心态？是由于欲望。所以必须要掌控住欲望："爱欲静之，愚乱正之（对炽盛的欲望要平息，对愚昧偏执要端正）。勿引勿推，福将自归（不人为地推来拽去，福运自然来临）。彼道自来，可藉与谋（道自然而然进入我心，才可用道来谋划一切）。"③掌控欲望，就是心绪顺应自然，就能有自然到来的福运。不做作，不偏离自然，道可进入心，谋划万物就有了依凭。老子只是说把握住情绪情感就可以心中存"道"，《管子》的无欲比老子要积极、充实。《管子》不光是要得道，还要用道谋划万物，结果不是精神上不舒服，而是得福、内心欢畅。

5. 缘象求"道"

　　这是《管子》与老子根本不同的。老子说："为学日益，为

①《管子·内业第四十九》，史仲文主编：《中华经典藏书》，北京出版社 1999 年版，第4495页。

②《管子·内业第四十九》，史仲文主编：《中华经典藏书》，北京出版社 1999 年版，第4497页。

③《管子·内业第四十九》，史仲文主编：《中华经典藏书》，北京出版社 1999 年版，第4497页。

道日损。损之又损，以至于无为。"①对知识的学习应一天比一
天丰富，对"道"的掌握应简而又简，以至于无所执。"不出
户，知天下；不窥牖，见天道。其出弥远，其知弥少。"②不出
门就能测知天下之事；不观望窗外，就能领悟出天道。人出门是
为了奔竞名利地位，出门越远，越利令智昏，对天下之事和天道
知之越不真切。老子将把握"道"与接触具体事物完全对立起
来。《管子》则相反，恰恰是强调从具体事物中认识"道"。
"欲爱吾身，先知吾情。周亲六合，以考内身（要想爱我自身，
先要认识我真实的情况。要通过全面接触四方上下各种事物来考
察我自身的内涵）。以此知象，乃知行情。既知行情，乃知养生
（通过接触周围事物掌握了一些重要的迹象，继而知道了自己
的真实情况，从而知道怎样培养自己的生机）。左右前后，周
而复所（对自己前后左右的情况反复了解）。执仪服象，敬迎
来者（穿礼服行礼仪迎接到来的道）。"③这是一种比喻，一个
人不能认识自己时，不妨先认识围绕着自己而发生的周围的各种
事情，通过他们来折射出自己。 从以上几点来看，《管子》把
老子的"道"由抽象难懂转变为具体易懂，由高悬于空中，转化
为扎根于生活之中。

---

① 《道德经》第四十八章，史仲文主编：《中华经典藏书》，北京出版社 1999年
版，第2344页。
② 《道德经》第四十七章，史仲文主编：《中华经典藏书》，北京出版社 1999年
版，第2343页。
③ 《管子·白心第三十八》，史仲文主编：《中华经典藏书》，北京出版社 1999
年版，第4482页。

三　《管子》中儒法化的道家

　　学界普遍认同，《管子》一书是许多人的论文的汇编。笔者进一步推测，这许多人当中有一种人偏多，即来自基层的知识分子，或者本人就是基层干部。书中许多论文像是总结报告，或者是工作计划。作者们身处基层，了解民众生活较具体。比如，作者对基层干部所要做的一些工作做了较详细的叙述："修火宪，敬山泽林薮积草；夫财之所出，以时禁发焉，使民足於宫室之用，薪蒸之所积，虞师之事也（制定防火措施，谨慎在山泽林薮之处堆积枯草；对财用所出之山林，要按时封禁和开放，让人民有充足的材料修缮和建设房屋。这些是'虞师'的职责）。决水潦，通沟渎，修障防，安水藏，使时水虽过度，无害于五谷。岁虽凶旱，有所秎获，司空之事也（泄积水，疏沟渠，修整堤坝，保持水库安全，做到涝无害五谷，旱也有收成。这是'司空'的职责）。相高下，视肥墝，观地宜，明诏期，前后农夫，以时钧修焉，使五谷桑麻，皆安其处，司田之事也（观测地势高低，看土质肥瘠，分析土地所宜长何物，明示农民服役的日期，对农民的生产和服役的时间统筹安排，使五谷桑麻的种植不耽误。这是'司田'的职责）。行乡里，视宫室，观树艺，简六畜，以时钧修焉。劝勉百姓，使力作毋偷，怀乐家室，重去乡里，乡师之事也（巡视乡里，察看房屋建筑，观察树木庄稼的长势，检查禽畜，对工作重点随时调整。劝勉百姓努力耕作，不要懈怠，和乐一家老小，不要轻易离开家乡。这是'乡师'的职责）。论百工，审时事，辨功苦，上完利，监一五乡，以时钧修焉，使刻镂文采，毋敢造于乡，工师之事也（管理工匠，弄清随时要做的修缮工作；分辨用工多少，合理付酬。五乡设一个管理单位，按时做全面安排，使各乡百姓不制造雕木、镂金、丝采等奢侈品。这是'工师'的职责）。"①基层干部喜欢务实，只想实实在在地解决问题，不愿意搞花架子。如"明君制宗庙，足以设宾祀（殡尸设祭），不求其美；为宫室台榭，足以避燥湿寒暑，不求其大；为雕文刻镂，足以辨贵贱，不求其观（壮观）。故农夫不失其时，百工不失其功，商无废利，民无游日，财无砥墆（积压）。故曰：俭其道乎（所以说：节俭才是正道呀）！"②

基层工作者懂得做群众工作的艰辛，所以《管子》一书不像道家那样虚玄，对儒家、法家没有固定的执着，哪一家方便就用哪一家。这里说的方便当然还是道家的因顺自然。老子

①《管子·立政第四》，史仲文主编：《中华经典藏书》，北京出版社1999年版，第4393页。
②《管子·法法第十六》，史仲文主编：《中华经典藏书》，北京出版社1999年版，第4429页。

说："故以身观身，以家观家，以乡观乡，以邦观邦，以天下观天下。"①人组合成不同的层级会有不同的特点。没有周围人在旁边制约，仅是个人一身，这是一种情况；同一血脉的人组成一个家族群体，这是一种情况；不同的家族组成一个乡的地域性群体，这是一种情况；不同的地域性组成一个诸侯国，这是一种情况；不同的诸侯国形成了一个天下，这又是一种情况。每一个层级的情况都是不一样的。所以，《管子》提出治国安邦不能违反每一个层级的特殊情况："以家为乡，乡不可为也；以乡为国，国不可为也；以国为天下，天下不可为也。以家为家，以乡为乡，以国为国，以天下为天下"。②人生活在家族中，由长期形成的信念、惯例、习俗来处理人际之间的关系。一切该尽的义务、该享受的权利，都扎根在人们内心深处，积淀成所谓的良心。什么事该做，什么事不该做，良心自然会判断。超越良心底线的人或者因内心当下激发出的廉耻感而自我刹闸，或者被群体形成的强大舆论给压服。人们走出家族时，家族内处理问题的道德逻辑就会有所弱化，在处理与家族外的人的关系时，情感的成分会有所减少。但各种需要使得每个家族与周边非血缘关系的人仍需要互相交往，所以家族的亲情式的处理问题的逻辑，仍会辐射到对待常来常往的熟人身

①《道德经》第五十四章，史仲文主编：《中华经典藏书》，北京出版社1999年版，第2345页。
②《管子·牧民第一》，史仲文主编：《中华经典藏书》，北京出版社1999年版，第4386页。

上。由此，儒家提出了人性善，主张把这一逻辑辐射到对待所有的人身上，包括相距遥远的陌生人。

但是，儒家的想法是不现实的。当脱离了血缘群体的家族，又脱离了由频繁相互需要而形成的地缘的熟人社会，进入到互需不多、不经常来往的陌生人社会，人往往首先想到的是防范、自保。对于所有权不明的资源，在互利的准则还没有形成之前，人往往是拼命地争抢。所以，法家认为人性自私，主张用强制性的规范制约人。

撰写《管子》的基层干部们肯定看到了这些，所以面对不同层级的人，时而用儒，时而用法。

（一）与儒家的融和

将儒家与道家相融合，就是用道家因顺自然的思想推行儒家的民本主张。

关于儒家的民本思想，孟子说："民为贵。"①孟子引用《尚书》："泰誓曰：'天视自我民视，天听自我民听。'"②但是，儒家的"民为贵"比道家要积极主动。孟子一边批判现实，一边以建设的态度积极主动提出解决民生的主张。如置民之"恒

---

① 《孟子·尽心下》，史仲文主编：《中华经典藏书》，北京出版社1999年版，第1155页。
② 《孟子·万讲上》，史仲文主编：《中华经典藏书》，北京出版社1999年版，第1143页。

产"①、"正经界"、②"诛其君而吊其民，若时雨降"③。与此相异，老子主张顺应"自然"、回归纯朴，故其批判现实，因顺民众却失之消极："古之善为道者，非以明民，将以愚之。"即让民众保持低层次的原始的淳朴。④老子甚至把落后的"小国寡民"当作理想，这种因顺民众完全是消极被动的。

《管子》意识到民心向背在治国安邦中的重要性。他用历史经验证明了这一点："《泰誓》曰：'纣有臣亿万人，亦有亿万之心；武王有臣三千而一心。'故纣以亿万之心亡，武王以一心存（《泰誓》说：'殷纣王有臣亿万人，也有亿万条心；周武王有臣三千人，却只有一条心。'所以，纣王因人多却心不齐而亡，武王虽人少却因心齐而存）。"⑤与民众相对立的可怕性是不待言而明的。

《管子》继承了老子的"以百姓心为心"，但《管子》的"以百姓心为心"是对百姓积极主动的建设性的因顺。《管子》提出了"四欲"："政之所兴，在顺民心；政之所废，在逆民心。民恶忧劳，我佚乐之；民恶贫贱，我富贵之；民恶危

① 《孟子·梁惠王上》，史仲文主编：《中华经典藏书》，北京出版社1999年版，第1122页。
② 《孟子·梁惠王上》，史仲文主编：《中华经典藏书》，北京出版社1999年版，第1132页。
③ 《孟子·滕文公下》，史仲文主编：《中华经典藏书》，北京出版社1999年版，第1135页。
④ 《道德经》第六十五章，史仲文主编：《中华经典藏书》，北京出版社1999年版，第2348页。
⑤ 《管子·法禁第十四》，史仲文主编：《中华经典藏书》，北京出版社1999年版，第4424页。

坠，我存安之；民恶灭绝，我生育之。能佚乐之，则民为之忧劳；能富贵之，则民为之贫贱；能存安之，则民为之危坠；能生育之，则民为之灭绝（政令所以能推行，在于顺应民心；政令所以废弛，在于违背民心。人民怕忧劳，我便使他安乐；人民怕贫贱，我便使他富贵；人民怕危难，我便使他安定；人民怕灭绝，我便使他生育繁息。"①这里不是简单地因顺，而是积极主动地因应。这种因应就是创造条件，帮助百姓实现自己的好恶。

《管子》的爱民与儒家的爱民有所不同。儒家的爱民理想多出于对道义的信仰，所以，儒家"知其不可而为之"②，子路说："道之不行已知之矣。"③《管子》使用务实性的道家的思维方式，其民本不是像儒家那样过分地理想化，而是强调民本建立在自然必然性的基础上。《管子》说："错国于不倾之地（把国家建立在不会垮台的基础上），积于不涸之仓（把粮食积存在取之不尽的粮仓里），藏于不竭之府（把钱财贮藏在取之不尽，用之不竭的府库里），下令于流水之原，使民于不争之官（所下命令都能从源头上解决问题，让人民各自从事无可争议的差事）。明必死之路，开必得之门（告知人民什么

①《管子·牧民第一》，史仲文主编：《中华经典藏书》，北京出版社1999年版，第4385页。
②《论语·宪问》，史仲文主编：《中华经典藏书》，北京出版社1999年版，第1109页。
③《论语·微子》，史仲文主编：《中华经典藏书》，北京出版社1999年版，第1115页。

是必死的邪路，给人民敞开获取利益的大门）。不为不可成，
不求不可得，不处不可久，不行不可复（不强干成不了的事，
不追求达不到的目标，不待在不可久待的地方，不去做不可再
重复的事情）。错国于不倾之地者，授有德也（把国家建立在
不会垮台的基础上，就是授权于有道德的人）；积于不涸之仓
者，务五谷也（把粮食积存在取之不尽的粮仓里，就是多生产
粮食）；藏于不竭之府者，养桑麻育六畜也（把钱财贮藏在取
之不尽，用之不竭的府库里，就是要种植桑麻、饲养六畜）；
下令于流水之原者，令顺民心也（所下命令都能从源头上解决
问题，是指顺从民意）；使民于不争之官者，使各为其所长也
（让人民各自从事无可争议的差事，各发挥其所长）；明必死
之路者，严刑罚也（告知人民什么是必死的邪路，以严厉的刑罚
来显示）；开必得之门者，信庆赏也（给人民敞开获取利益的大
门，就是信赏必罚）；不为不可成者，量民力也（不强干成不了
的事，就是度量民力而征用徭役）；不求不可得者，不强民以其
所恶也（不追求达不到的目标，就是不强使人民去做他们所不愿意
做的事情）；不处不可久者，不偷取一时也（不待在不可久待的地
方，就是不求一时之侥幸）；不行不可复者，不欺其民也（不去做
不可再重复的事情，就是不欺骗人民）。"①

《管子》进一步看到，积极主动地顺应百姓之"自然"，
统治者"自然"会得到百姓声之于响、影之于形的积极主动的

---

①《管子·牧民第一》，史仲文主编：《中华经典藏书》，北京出版社 1999 年版，
第 4385—4386 页。

回应。"期而致，使而往，百姓舍己以上为心者，教之所期也（希望他来立刻就来，让他去立刻就去，百姓舍己而以君心为心，这是教化所希望得到的结果）。始于不足见，终于不可及，一人服之，万人从之，训之所期也（始萌于不可见，终成于大而无可比拟，君主一人遵循，无数民众跟随，这是教化所期望得到的结果）。未之令而为，未之使而往，上不加勉，而民自尽，竭俗之所期也（不加命令而主动办事，不加派遣而主动前往，不用上面劝勉，而人民自己就能够尽心竭力，这是树立风俗所期望的结果）。好恶形于心，百姓化于下，罚未行而民畏恐，赏未加而民劝勉，诚信之所期也（君主的好恶才在心里形成，百姓就化为行动，刑未行而人民知道恐惧，奖赏未发而人民得到劝勉，这是实行诚信所期望的结果）。为而无害，成而不议，得而莫之能争，天道之所期也（做事不产生恶果，成事之后也没有不同的意见，得到的成果没有人能够争夺，这是遵守天道所期望的结果）。为之而成，求之而得，上之所欲，小大必举，事之所期也（行事即成，有求即得，君主所要求的，大小事情都能实现，这是办事所期望的结果）。令则行，禁则止，宪之所及，俗之所被，如百体之从心，政之所期也（有令则行，有禁则止，凡是法令所及和风俗所影响到的地方，就像四肢百骸服从内心一样，这是为政所期望的结果）。"①在《管子》看来，百姓的"自然"不仅仅是法家的

①《管子·立政第四》，史仲文主编：《中华经典藏书》，北京出版社1999年版，第4394页。

"予则喜，夺则怒"①，还对君主爱民利民的举措表示感恩，以趋善回应之。

法家没有意识到民众身上具有道德性的自然。商鞅说："民之于利也，若水于下也，四旁无择也。"② 既然人的本性就是求利，就不要指望民众讲道德，因而法家主张积极的刑罚之治。商鞅说："重刑，连其罪（用重刑，实行连坐制），则民不敢试（不敢以身试法）。民不敢试，故无刑也。夫先王之禁，刺杀，断人之足，黥人之面，非求伤民也，以禁奸止过也。故禁奸止过，莫若重刑。刑重而必得，则民不敢试，故国无刑民。"③《管子》反对法家这种残酷的治理："故刑罚不足以畏其意，杀戮不足以服其心。故刑罚繁而意不恐，则令不行矣；杀戮众而心不服，则上位危矣（单靠刑罚不足以使人民真正害怕，仅凭杀戮不足以使人民心悦诚服。刑罚繁重而人心不惧，法令就无法推行了；杀戮多行而人心不服，为君者的地位就危险了）。"④《管子》这些重德轻刑的说法均与儒家相一致。《管子》并非反对刑罚之治，而是反对虐民的刑罚。法家想用残酷的刑罚震慑民众，以刑止刑，《管子》指出其不能得

---

① 《管子·国蓄第七十三》，史仲文主编：《中华经典藏书》，北京出版社1999年版，第4541页。

② 《商君书·君臣第二十三》，史仲文主编：《中华经典藏书》，北京出版社1999年版，第4605页。

③ 《商君书·赏刑第十七》，史仲文主编：《中华经典藏书》，北京出版社1999年版，第4597页。

④ 《管子·牧民第一》，史仲文主编：《中华经典藏书》，北京出版社1999年版，第4385页。

民心，必败无疑。《管子》的观点既符合儒家的爱民思想，也符合道家的"以百姓心为心"的思想。

经过比较可以看到，《管子》民本思想有以下特点。

第一，《管子》的儒家思想更趋务实。《管子》的作者多为基层干部，其民本思想比较务实，具体而详细，较少理想色彩。

第二，更重要的是，《管子》认定，民众对君主的善政一定会感恩，这缘于它的思想中有人性善的成分。儒家讲人性善，但说的太抽象，太理想化，太简单化。按《管子》的道家思想，性善是可以找到现实性的根据的。前已说过，道家要求根据不同层级的人来进行管理，因为不同层级的人，其秉性展露往往不同。身、家、乡、邦、天下，层级不同，人的特点不同。法家讲人性自私，所看到的是离群索居、彼此陌生的独处个人。《管子》也看到这一点，故不反对刑罚之治。儒家讲人性善，说的是群居之人。《管子》与儒家一样，看到了群居之人与独处之人 的不同。

（二）《管子》与法家的融合

《管子》中为什么有法家的内容？因为要解决超家族的治理问题。超家族问题的治理靠的是君主为代表的国家权力。国家要把国内各种人各种势力捏合成一个整体，可是总有人为谋私利与国家整体利益相抵牾。一种情况是，一些代表地域利益或特殊集团利益的臣民总拿自己的特殊利益与国家的制度相角力。商鞅说：“世之为治者，多释法而任私议，此国之所以乱也。”①韩非说：“主有令而民以文学非之，官府有法民以私行矫之，人主顾渐其法令，而尊学者之智行，此世之所以多文学也。”②这些在野的议论，往往是强化私德，弱化国家道德的影响，不利于富国强兵。如韩非举例：“为故人行私谓之不弃，以公财分施谓之仁人，轻禄重身谓之君子，枉法曲亲谓之有行，弃官宠交谓之有侠，离世遁上谓之高傲，交争逆令谓之刚材，行惠取众谓之得民。不弃（不抛弃私交朋友）者吏有奸也，仁人（慷公家之慨）者公财损也，君子（重视个人价值取向，轻视爵禄）者民难使也，有行（毁法护亲）者法制毁也，有侠（重私交弃官德）者官职旷也，高傲（隐居不事君）者民不事也，刚材（敢抗命）者令不行也，得民（得民私誉）者君上孤也。此八者匹夫之私誉，人主之大败也。反此八者，匹夫之私毁，人主之公利也。人主不察社稷之利害，而用匹夫之私誉，索国之无危乱，不可得矣。”③这个公德与私德矛盾使得人心分散，君主无法统一指挥。

另一种情况是，一些进入统治集团的人，不是公开抵牾君主统治，而是设法利用君主统治为自己谋私。韩非说：今之奸

---

①《商君书·修权第十四》，史仲文主编：《中华经典藏书》，北京出版社1999年版，第4594页。

②《韩非子·问辩第四十一》，史仲文主编：《中华经典藏书》，北京出版社1999年版，第4723页。

③《韩非子·八说第四十七》，史仲文主编：《中华经典藏书》，北京出版社1999年版，第4734页。

臣"所恶，则能得之其主而罪之；所爱，则能得之其主而赏之；今人主非使赏罚之威利出于已也，听其臣而行其赏罚，则一国之人皆畏其臣而易其君，归其臣而去其君矣。此人主失刑德之患也。夫虎之所以能服狗者，爪牙也。使虎释其爪牙而使狗用之，则虎反服于狗矣。人主者，以刑德制臣者也。今君人者释其刑德而使臣用之，则君反制于臣矣"①。奸臣借用君主权威谋取个人利益，树立自己的权威。

以上两个问题，《管子》也同样面临，所以《管子》也主张法制：第一，私议不能压过公法。"法制不议，则民不相私（法制不许可私下议论，民众就不敢相互隐覆）；刑杀毋赦，则民不偷于为善（刑杀绝不容赦宥，民众就不敢怠于为善）。"有人私下议论法，其实就是任意解释法，以此来帮助有过者相互庇护。所以要强调禁止私议，公法之上，违者不赦。第二，权不假臣。"爵禄毋假，则下不乱其上（授爵赐禄的大权不假送于人，臣下就不会扰乱人君）。"②这里看到了君臣之间权力利用上的博弈。一些大臣有机会把君主的爵禄用来私自送人情，使君主权威有被分流的危险，所以权力必须由君主牢牢掌握，不假于人。

解决以上两个问题有一个总的原则，就是统一法度。《管子》说："君一置其仪，则百官守其法；上明陈其制，则下皆

---

① 《韩非子·二柄第七》，史仲文主编：《中华经典藏书》，北京出版社1999年版，第4622页。
② 《管子·法禁第十四》，史仲文主编：《中华经典藏书》，北京出版社1999年版，第4424页。

会其度矣（国君树立一个统一的法度，百官就都能守法；君主把制度公开陈述清楚，下面做事就都符合制度）。君之置其仪也不一，则下之倍法而立私理者必多矣（如果国君树立法度不统一，下面违反法而讲私人之间道理的人就会很多）。是以人用其私，废上之制而道其所闻（所以人人都行其私理，不执行君主的制度，而宣传个人的主张）。故下与官列法，而上与君分威，国家之危必自此始矣（所以，民众之法与官方的法对立，大臣侵蚀君主的威严，国家的危险一定是从这里开始）。"①统一了法度，民众讲私德就成为非法，臣子也没有了借用君权的空间。

另外，君主要想统一法度，就必须将生法之权掌握在自己的手里。《管子》说："有生法，有守法，有法于法。夫生法者，君也；守法者，臣也；法于法者，民也。"②有生法者，有执法者，有遵守法者。生法者是君，执法者是臣，遵守法的是民众。

《管子》还强调君主掌握"势"："人主之所以制臣下者，威势也。故威势在下，则主制于臣；威势在上，则臣制于主。""故《明法》曰：'威不两错，政不二门'。"③君主之所以能控制臣下，靠的是令人生畏的权势。权势旁落，君受制

---

① 《管子·法禁第十四》，史仲文主编：《中华经典藏书》，北京出版社 1999 年版，第 4424 页。

② 《管子·任法第四十五》，史仲文主编：《中华经典藏书》，北京出版社 1999 年版，第 4491 页。

③ 《管子·明法解第六十七》，史仲文主编：《中华经典藏书》，北京出版社 1999 年版，第 4533 页。

于臣；权势在上，臣受制于君。所以，《明法》篇说：威势不能在两个人身上，政令不能有两个来源。这一说法与商鞅所说的"权者，君之所独制也"①是一致的。

《管子》虽然有许多法家思想，但与法家仍有区别。

第一，《管子》没有像商鞅、韩非那样简单地否定儒家的礼乐文明存在的必要性，而是把礼乐文明纳入君主的法制范围："所谓仁义礼乐者，皆出于法，此先圣之所以一民者也。"②仁义礼乐与法不是对立的，可以纳入法。商鞅则偏激地认为："《诗》、《书》、礼、乐、善、修、仁、廉、辩、慧，国有十者，上无使守战。国以十者治，敌至必削，不至必贫。国去此十者，敌不敢至，虽至必却；兴兵而伐，必取；按兵不伐，必富。"③《管子》对礼乐文明的接纳，大概是基层干部工作不能无视家族亲情的实践经验使然。家族亲情以礼乐文明为载体，通过礼乐文明实现。不讲礼乐文明，会损害家族亲情的实现。

第二，《管子》的法制思想也包含有道家的思路。老子说："人法地，地法天，天法道，道法自然。"④老子的逻辑是

① 《商君书·修权第十四》，史仲文主编：《中华经典藏书》，北京出版社 1999年版，第4594页。

② 《管子·任法第四十五》，史仲文主编：《中华经典藏书》，北京出版社 1999年版，第4491页。

③ 《商君书·农战第三》，史仲文主编：《中华经典藏书》，北京出版社 1999年版，第4582页。

④ 《道德经》第二十五章，史仲文主编：《中华经典藏书》，北京出版社 1999年版，第2337页。

"道"——客观必然高于人。与老子相一致，《管子》认为作为客观必然的法也高于君："不法法，则事毋常；法不法，则令不行。令而不行，则令不法也（不把法当做法，则国事就没有固定的规范；法不用强制的手段推行，则政令不能贯彻。政令不能贯彻，则政令不再具有权威性）；法而不行，则修令者不审也；审而不行，则赏罚轻也；重而不行，则赏罚不信也；信而不行，则不以身先之也（政令有了权威性却又不能贯彻下去，是因为制定政令的人不够慎重；如果制定政令的人慎重而政令仍贯彻不下去，那是因为赏罚太轻；如果赏罚重还是不能贯彻下去，那是因为赏罚信用不足；赏罚信用足还是不能贯彻，那是因为君主不能以身作则）。故曰禁胜于身，则令行于民矣（所以说禁令能够管束住君主本身，政令就能够推行于民众）。"[1]法高于君，君必须自觉遵守法，这是法施于民众的大前提。

另外，君主行政也不能不有所卑躬。商鞅对君主的权威绝对自信，所以讲到君主治理民众，口气非常强硬："所谓壹刑者，刑无等级，自卿相、将军以至大夫、庶人，有不从王令、犯国禁、乱上制者，罪死不赦。有功于前，有败于后，不为损刑。有善于前，有过于后，不为亏法。忠臣孝子有过。必以其数断。守法守职之吏有不行王法者，罪死不赦，刑及三族。周

①《管子·法法第十六》，史仲文主编：《中华经典藏书》，北京出版社1999年版，第4428页。

官之人，知而讦之上者，自免于罪，无贵贱，尸袭其官长之官爵田禄。故曰：重刑，连其罪，则民不敢试。民不敢试，故无刑也。夫先王之禁，刺杀，断人之足，黥人之面，非求伤民也，以禁奸止过也。故禁奸止过，莫若重刑。刑重而必得，则民不敢试，故国无刑民。国无刑民，故曰：明刑不戮。"①商鞅的意思是刑法必定要实行，为此必须冷酷无情敢于下狠手。如此才能阻止民众犯罪，才能不用刑罚。韩非说："古者有谚曰：'为政犹沐也，虽有弃发，必为之。'爱弃发之费，而忘长发之利，不知权者也。夫弹痤者痛，饮药者苦，为苦惫之故，不弹痤、饮药，则身不活、病不已矣。"②韩非的意思是，严厉的惩罚是为了矫正民众，使之变成良民，就像虽然洗头免不了掉头发，但却能促进头发生长，吃苦药、动手术很痛苦，却能够祛除疾病一样。

但是，为政万不可过猛。《管子》的作者有基层工作经验，知道君主的权威再大，延伸到基层，肯定会逐渐衰减，甚至受到基层的轻视。所以基层的事不能不礼贤下士，求助于了解基层复杂情况，与民众有鱼水之亲的乡贤。所以，《管子》对待民众就没有像法家那样简单强硬，而是小心、谨慎、耐心、细致："闻贤而不举（提拔），殆（失败）；闻善而不索（求取），殆；见能而不使（任用），殆；亲人而不固（始终一贯），殆；同谋而

①《商君书·赏刑第十七》，史仲文主编：《中华经典藏书》，北京出版社1999年版，第4597页。
②《韩非子·六反第四十六》，史仲文主编：《中华经典藏书》，北京出版社1999年版，第4731页。

离（算计），殆；危人（想镇住别人）而不能，殆；可而不为（可以做的却不做），殆；足而不施（富足而不施舍），殆；几而不密（机要之事而不保密），殆。"① 以上几个方面都要小心谨慎地处理，否则就会失败。

此外，下达君主的意志不能不低调，不能不适可而止，万勿张狂。老子说："其政闷闷，其民淳淳；其政察察，其民缺缺。是以圣人方而不割，廉而不刿，直而不肆，光而不耀。"② 行事注意收敛、低调、节制。《管子》也强调节制："君有三欲于民，三欲不节，则上位危（君主对民众有三项要求，三项要求而不加节制，君主地位就危险了）。三欲者何也？一曰求，二曰禁，三曰令。求必欲得，禁必欲止，令必欲行。求多者，其得寡；禁多者，其止寡；令多者，其行寡。求而不得，则威日损（威信日益降低）；禁而不止，则刑罚侮（被轻视）；令而不行，则下凌上。故未有能多求而多得者也，未有能多禁而多止者也，未有能多令而多行者也。故曰：上苛则下不听，下不听而强以刑罚，则为人上者众谋矣（被众人算计）。为人上而众谋之，虽欲毋危，不可得也。……庆赏虽重，民不劝也；杀戮虽繁，民不畏也。"③《管子》不反对杀戮

①《管子·法法第十六》，史仲文主编：《中华经典藏书》，北京出版社1999年版，第4428页。
②《道德经》第五十八章，史仲文主编：《中华经典藏书》，北京出版社1999年版，第2346页。
③《管子·法法第十六》，史仲文主编：《中华经典藏书》，北京出版社1999年版，第4428页。

禁诛的法家政治，但也看到，不能因为君主的强势而超出民众的自然承受力，必须因顺，否则无论君主多么强势，使用什么手段，也不能令民众服从。

结　语

以上对道家思想的内容及其发展做了一些分析和梳理。综合起来，道家发展的逻辑脉络大概如下。

第一，道家的创始人老子对待世事的态度不是回避，而是介入。老子说："是以圣人常善救人，故无弃人；常善救物，故无弃物。"① 老子的"救人"、"救物"就是对世事的介入。"圣人之治，虚其心，实其腹，弱其志，强其骨。常使民无知无欲。使夫智者不敢为也。为无为，则无不治。"② "圣人之治"，就是对于世事的介入。由于道家本身固有介入世事的因

---

① 《道德经》第二十七章，史仲文主编：《中华经典藏书》，北京出版社 1999年版，第2337页。
② 《道德经》第三章，史仲文主编：《中华经典藏书》，北京出版社 1999年版，第2331页。

素，后来才发展出黄老道家和韩非思想这些积极乃至强行改造社会的思想。

第二，老子道家介入世事的原则是"救人"、"救物"。"救人"、"救物"就是使每一事物的生命力激发出来。不要人为地建设和破坏，贵本然。老子说："故以身观身，以家观家，以乡观乡，以邦观邦，以天下观天下。"①"圣人常无心，以百姓心为心。"②这就给统治者提供了一个治世思路——要敬畏世事，不要总自以为正确，不要用理想代替现实，也不要迷信权力、武力、金钱的力量。法家本来是最迷信权力和武力的，可是发展到《管子》、《韩非子》，受道家的影响，也都强调君主要适当地收敛自己，因顺客观。

第三，道家介入世事的方式是"不争"。既然是以激活万物为介入世事的原则，就得无私，甘心为别人当垫脚石，为别人的成功搭台，总之是"不争"。老子说："上善若水。水善利万物而不争，处众人之所恶，故几于道。"③用这种方式介入世事就是"不争"，"夫唯不争，故无尤。"④"夫唯不争，故

①《道德经》第五十四章，史仲文主编：《中华经典藏书》，北京出版社1999年版，第2345页。

②《道德经》第四十九章，史仲文主编：《中华经典藏书》，北京出版社1999年版，第2344页。

③《道德经》第八章，史仲文主编：《中华经典藏书》，北京出版社1999年版，第2333页。

④《道德经》第八章，史仲文主编：《中华经典藏书》，北京出版社1999年版，第2333页。

天下莫能与之争。"①但是，在老子那里，"不争"仍需要隐忍、敛迹。老子虽然强调"不争"，可心态上不够"自然"，原因是他所说的"道"有时常表现出高于"万物"。"道"的体现者——"我"——"我独异于人，而贵食母。"②"异于人"就难免不有所刻意地追求。

庄子则不然。在庄子那里，"万物"即"道"，"道"在"万物"中，万物之间"莛与楹，厉与西施，恢恑憰怪，道通为一"③。所以，在他的心目中，任何事情都是完美的，包括在俗人看来丑陋的东西和有残缺的东西。既然大家都是完美的，我就没有必要再刻意超越谁，所以庄子的"不争"没有任何刻意，比老子的"不争"更加自然。

---

① 《道德经》第八章，史仲文主编：《中华经典藏书》，北京出版社 1999 年版，第 2336 页。

② 《道德经》第二十章，史仲文主编：《中华经典藏书》，北京出版社 1999 年版，第 2336 页。

③ 《庄子·齐物论》，史仲文主编：《中华经典藏书》，北京出版社 1999 年版，第 2359 页。

责任编辑:王彦波
封面设计:马淑玲

图书在版编目(CIP)数据

道家思想讲演录/方尔加 著. —北京:人民出版社,2020.4
(2025.8重印)
ISBN 978 - 7 - 01 - 021347 - 7

Ⅰ.①道⋯　Ⅱ.①方⋯　Ⅲ.①道家-哲学思想-研究
　Ⅳ.①B223.05

中国版本图书馆 CIP 数据核字(2019)第 210691 号

道家思想讲演录
DAOJIA SIXIANG JIANGYAN LU

方尔加　著

人 民 出 版 社 出版发行
(100706　北京市东城区隆福寺街 99 号)

环球东方(北京)印务有限公司印刷　新华书店经销

2020 年 4 月第 1 版　2025 年 8 月北京第 7 次印刷
开本:710 毫米×1000 毫米 1/16　印张:16.75
字数:147 千字

ISBN 978 - 7 - 01 - 021347 - 7　定价:48.00 元

邮购地址 100706　北京市东城区隆福寺街 99 号
人民东方图书销售中心　电话 (010)65250042　65289539